华为

黄志伟 ——— 著

HUAWEI
MARKETING

营销法

苏州新闻出版集团

古吴轩出版社

图书在版编目（CIP）数据

华为营销法 / 黄志伟著. -- 苏州：古吴轩出版社，
2024.5
ISBN 978-7-5546-2358-9

Ⅰ．①华… Ⅱ．①黄… Ⅲ．①通信企业－企业管理－
营销管理－经验－深圳 Ⅳ．①F632.765.3

中国国家版本馆CIP数据核字(2024)第079159号

责任编辑：黄菲菲
见习编辑：王霁钰
策　　划：周建林　吴海燕
装帧设计：尧丽设计

书　　名：华为营销法
著　　者：黄志伟
出版发行：苏州新闻出版集团
　　　　　古吴轩出版社
　　　　　地址：苏州市八达街118号苏州新闻大厦30F
　　　　　电话：0512-65233679　　邮编：215123
出 版 人：王乐飞
印　　刷：天宇万达印刷有限公司
开　　本：670mm×950mm　　1/16
印　　张：15
字　　数：177千字
版　　次：2024年5月第1版
印　　次：2024年5月第1次印刷
书　　号：ISBN 978-7-5546-2358-9
定　　价：58.00元

如有印装质量问题，请与印刷厂联系。022-69236860

前言

1987 年 9 月 15 日，华为公司在深圳注册成立。当时谁也想不到，37 年后的华为会成为全球领先的 ICT（Information and Communication Technology，信息与通信技术）基础设施和智能终端提供商。截至 2023 年底，华为拥有 20.7 万员工，业务遍及全球 170 多个国家和地区，为全球 30 多亿人口提供服务。

在大众的印象中，华为的成功有赖于强大的技术研发能力。华为官网显示，截至 2022 年底，华为约有 11.4 万名研发人员，占总员工数量的 55.4%，并在全球共持有有效授权专利超过 12 万件，可见华为技术研发能力的强大。正因为如此，人们似乎忽略了华为成功的另一个因素——强悍的营销能力。

华为倡导"以客户为中心"的核心价值观。营销人员常能想客户之所想，急客户之所急，比竞争对手先一步理清客户的需求和痛点，设计出令客户满意的产品和解决方案。即使是日常的拜访客户，华为营销人员也做到了无微不至的关怀。

比如，华为刚开始向海外市场进军时，发现大多数客户都不熟悉中文，也不了解中国文化。为了让客户记住华为，华为员工特意为海外客户创作了一个英文短句："HUAWEI,who are we？"这句话的后半句连读，恰好就是中文"华为"的谐音。如此一来，既消除了海外客户不熟悉中文发音的尴尬，又让客户能迅速记住华为，并且永远都忘不掉。

除了"以客户为中心"的服务意识之外，华为营销人员非常重视对市场展开饱和式攻击，用团队协同作战的模式赢得市场攻坚战。华为在实践中总结出一套铁三角销售法，由客户经理、方案经理、交付经理组成铁三角营销团队，各部门的多个领域专家组成支撑力量，严格按照LTC（Leads To Cash，从线索到回款）流程来推进销售项目。从最开始的寻找销售线索到最终向客户圆满交付产品，华为营销团队把每一个环节都做到了极致。

华为的营销智慧挂一漏万，而且，某些行之有效的营销良法需要大量资源支撑，一般的公司难以复制其成功经验。为此，本书择取了华为众多营销方法中最具普适性的内容，分为上、下两篇来介绍。上篇主要讲的是一名营销新手怎样提高个人销售技能及综合素质。下篇主要讲的是铁三角营销团队的工作方法。

本书从一名刚入职的新员工的视角出发，展示了从营销新手逐步成长为营销团队领头人的进阶之路。希望能对广大志在营销的读者有所裨益。

目录
CONTENTS

新人成长篇

营销新手如何练好基本功

走近华为营销哲学   004

成为华为营销人员需要做什么   010

构建"N+1+N"业务知识运用模型   022

具备必不可少的员工基本素质   032

知识拓展：华为销售人员工具箱之一   038

第二章

▼

华为精英的营销武器库

九招制胜法完成销售　　　　　　　048

全面的客户关系管理　　　　　　　054

华为"五环十四招"营销法　　　　061

排除客户顾虑的"一五一工程"　　066

知识拓展：华为营销人员工具箱之二　073

第三章

▼

优秀营销人员的自我提升

一个华为人的职业行为规范　　　　082

树立良好的个人品牌形象　　　　　090

选好职业发展通道　　　　　　　　095

做个有使命感的营销专家　　　　　102

知识拓展：华为营销人员的考核评价体系　106

组队作战篇

第四章

最具进攻性与协同性的销售模式

起源：一次反败为胜的海外投标　　　　　116

以客户为中心的铁三角销售体系　　　　　121

LTC 流程：从管理线索到管理合同执行　　125

知识拓展：华为销售人员工具箱之三　　　129

第五章

铁三角销售法为什么能赢

客户经理：让客户越来越离不开华为　　　138

方案经理：为客户提供差异化竞争力　　　144

交付经理：正确交付也是一种生产力　　　150

知识拓展：华为铁三角的决策和授权机制　155

第六章

▼

保障铁三角正常运行的 LTC 流程

捕捉每一条销售线索　　　　　　　　　162

把销售线索转化为销售机会　　　　　　169

做好"机会点管理"　　　　　　　　　174

决定项目成败的标前引导工作　　　　　180

注意签订高质量的合同　　　　　　　　186

克服交付质量不佳的短板　　　　　　　192

知识拓展：华为铁三角如何处理"客户的声音" 198

第七章

▼

如何复制铁三角营销团队

找对匹配团队角色的人才　　　　　　　206

制定团队英雄主义的激励机制　　　　　212

让每个成员都能跟上团队发展　　　　　220

知识拓展：用数字化系统推动营销组织革新　228

HUAWEI

新人
成长篇

第一章

▼

营销新手
如何练好基本功

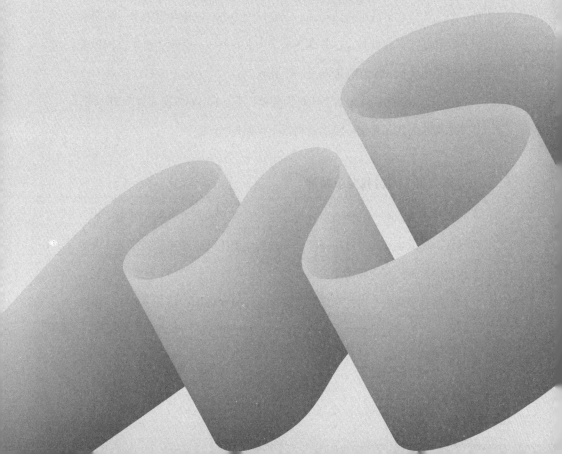

走近华为营销哲学

每个华为员工都要了解的华为特色营销哲学。

任何一家走向世界的企业，都有自己独特的文化价值观。华为也不例外。华为的核心价值观有四句话：以客户为中心、以奋斗者为本、长期艰苦奋斗和坚持自我批判。这些理念被华为人发展成一套营销哲学，指导着华为营销团队从一个胜利走向另一个胜利。

在华为，要想从营销新手成长为营销高手，不但要掌握大量营销技巧，还要掌握华为营销哲学。华为营销哲学有哪些内涵呢？

一、浴火重生的自我变革精神

市场不变的唯一法则是"永远在变"，客户的需求也是随时变化的。这导致市场反复洗牌，谁也不能"一招鲜吃遍天"，躺在功劳簿上睡大觉的注定要被时代变迁所淘汰。

许多曾经辉煌一时的著名企业都陷入了一个怪圈：奋斗→繁荣→怠惰→衰败。归根结底是这类企业不能保持与时俱进。

华为的忧患意识极其强烈，唯恐掉进这个怪圈。公司创始人任正非认为，打开这个死结的最好办法，就是自我批判和自我批评。在他的带领下，公司从上到下都以凤凰涅槃为精神图腾。

在神话传说中，凤凰满五百岁后就会集香木自焚，浴火重生，变得更加美丽。华为常以"凤凰是烧不死的鸟"来形容勇于自我变革的精神。不在烈火中死亡，就在烈火中永生。在这种强烈的危机意识鞭策下，华为员工不断地反省与自我批评，公司也建立了"贤者上，庸者下"的干部竞聘上岗制度。

案 例 回 放

为了让员工能随时跟上日新月异的形势变化，华为集团有个末位淘汰机制。各地办事处提出每年5%强制淘汰率的指标，业绩排名处于最后5%的员工，就将处于待岗的状态。公司将在一个月内对这些员工进行专门考察，并实施有针对性的培训。如果培训后依然没有起色，就必须淘汰。

淘汰不是目的，目的是让团队保持忧患意识。为此，华为在选拔人才时推崇"赛马文化"，以团队和项目组为单位进行比赛。公司对所有人才不贴标签，哪怕是一些怪才、歪才，也让他们参与"赛马"。华为以比赛结果论英雄，对有缺点的奋斗者不求全责备。这种开放、包容的人才战略让营销团队充满了忧患意识，人人力争上游，尽力施展才能，通过不断自我革新来保持活力与战斗力。

二、"敢拼成七分"的拼搏精神

开拓市场需要拼搏精神，守住市场份额也离不开拼搏精神。市场竞争越来越激烈，竞争对手的实力在壮大，竞争手段也花样百出。如果没有积极、主动的拼搏精神，进则攻而不克，退则防线失守。

营销人员的战斗力源于旺盛斗志。天赐食于鸟却不投食于巢，等、靠、要，是不会赢得市场的。唯有主动进攻。胜负无定数，敢拼成七分。哪怕是营销专家，也不可能保证百分之百的成功。但有了敢打敢拼的劲头，我们就能在实战中总结经验，不断成长，水滴石穿。特别是当你在市场中落后于竞争对手时，敢于亮剑才能以劣抗优，扭转局面。

华为从弱到强，每一个客户，每一块市场，每一次技术创新，无不是靠"敢拼成七分"的拼搏精神推动的。

三、荣辱与共的集体奋斗精神

每一个胜仗都是团结合作的结果。从企业文化到制度设计，华为都以荣辱与共的集体奋斗精神来凝聚团队。

案 例 回 放

华为的市场团队组合被任正非比喻为"重装旅"与"陆战队"。

"重装旅"指的是专业化的队伍，负责给"陆战队"提供资源和炮火。"陆战队"则是具有综合作战能力的轻装小团队，也就是华为设置在市场一线的作战单元。

华为在地区部设置"重装旅"，在代表处和系统部设置"陆战队"。一个地区部管十几个国家的市场，它自然成了各种专业力量共享与协调的中心。华为建设地区部"重装旅"时，高度重视各种平台和共享中心的建设、经验的总结和人员的培训。

代表处分管一个国家的市场，如果闲置的资源太多，会增加运营成本，降低反应速度，所以要维持轻型组织的形态。代表处缺少的资源如解决方案、用户服务、投标、技术等业务尖子，由地区部补上，随时准备对重要项目提供火力支持。

正是"重装旅"和"陆战队"的精诚团结与密切配合，成就了华为在国际市场上的赫赫威名。

胜则举杯相庆，败则拼死相救，这就是华为式的集体奋斗精神。公司各团队和项目组虽有赛马之争，却始终在一个大集体中共事，不能只讲竞争而不讲团结。有格局的营销人员，不妒忌同伴的胜利，而要为他们祝贺；当同伴陷入困境时，则拼死相救，共渡难关。华为的企业文化成功地把握了竞争与团结的辩证关系，在激发团队内部活力的同时，也确保团队不丧失凝聚力。

四、"鹰"的个体，"雁"的团队

老鹰的个体战斗力很强，但总是单打独斗，缺乏集体主义精神。而大雁在长途飞行中排列成严密的队形，利用集体扇动翅膀形成的气流来减轻每只雁的负担，以保证全体成员安全到达目的地。

"鹰"的个体，是能力突出的个体。"雁"的团队，就是"胜则举杯相庆，败则拼死相救"的团队。优秀的营销人员既有"鹰"的个人能力，又有"雁"的团队精神。而一些自命不凡的营销人员，只做个人英雄主义的"鹰"，而缺乏团队共赢意识。

在华为，个人英雄主义注定会失败——哪怕你的能力很强，也是单枪匹马地作战；而华为历来高度重视团队建设，主张以团队组合的方式攻克市场。一个人胜不过一个团队，一个团队超不过一个系统。任你十八般武艺样样精通，当你独自面对由一群同样优秀的同事组成的团队时，自然是寡不敌众的。

销售工作讲究共享、共赢，不宜孤军奋战。要想取得更大的成就，你就要在团队里"个人退后，组织向前"，要做"雁"，不能做"鹰"。

"雁"的团队是一个事业共同体和命运共同体。在你需要支援的时候，应该大胆而合理地向团队呼叫支援；在同伴危难之时，应该伸出你热情的手，一起突围。先有团队再有市场，团队的包容、共享和互补，会成就你最好的状态。

总之，华为吸收了许多知名强企的宝贵经验，形成了具有自己特色的营销哲学。这些营销哲学指导着成千上万的华为员工在市场闯荡，经过了时间与市场的严格检验。交易技巧是术，营销哲学是道。如果只懂得术，那么你只是个熟练的任务目标执行者；只有领悟了道，你才有可能成为会思考的营销领域的领军人。

自我检查

根据下面的内容做个小测试，符合情况的就在后面的括号里打"√"，不符合的就打"×"。每个"√"得1分，每个"×"得0分。得分越高，说明你在这方面做得越好；反之，则说明你需要改进的方面越多。

（1）你具备居安思危，不断反思自己的意识。（　）

（2）你有勇气舍弃曾经给你带来辉煌但现在已经过时的成功经验。（　）

（3）你有勇气把公司产品推广到竞争对手占主导地位的市场中。（　）

（4）你具备"胜则举杯相庆"的胸怀。（　）

（5）你具备"败则拼死相救"的格局。（　）

（6）你有意识地克服个人英雄主义倾向。（　）

（7）你有意识地促进整个团队的共同进步。（　）

注：总分0~1分为不及格，2~3分为及格，4~5分为良好，6~7分为优秀。

成为华为营销人员需要做什么

认清自己在公司扮演的角色，明确自己的工作内容。

华为公司历来重视营销队伍建设，以共同的事业、责任、荣誉来激励和驱动营销人员有序成长。下面就以华为客户经理为例，讲一讲新人入职后应该怎样迅速找准自己的位置，认清自己的角色，明确自己要做哪些工作。

一、与时俱进的职场角色

华为客户经理在公司各个发展阶段，扮演着不同的职场角色。公司对客户经理的要求也有鲜明的时代特征。

在华为创业初期，产品的技术含量相对比较低，主要在非主流市场上竞争。此时的客户经理是冲锋陷阵的多面手，独立承担拓展客户、培育市场、推广产品、售后服务的任务。他们普遍有拼劲、闯劲，但技能博而不精，以单独作战为主。

随着"互联网+"时代的到来，华为及时调整了销售战略，实行"狼狈计划"，把单独作战的营销人员凝聚成售前、售中、售后既独立又相互配合的营销团队。此时的客户经理多为技能型人才，在"狼狈"协作模式中与同伴各尽所能，以便在市场竞争中发挥群体优势。

随着华为品牌知名度的不断提高，公司需要向海外市场进军。这个阶段的客户经理是又红又专的知识型开拓者，以强烈的使命感和丰富的业务知识征战海外市场。

随着5G通信时代的来临，华为公司致力于构建万物互联的智能世界，把科技发展成果带给每个人、每个家庭、每个组织，消除一切数字鸿沟，让智能生活唾手可得。所以，今天的华为客户经理不是单纯的销售员，其角色定位是从方案、价值、战略层面为客户（个人客户、企业客户、运营商客户）创造价值的复合型人才。

二、工作目标

在认清了角色定位后，我们要了解自己的工作目标。华为营销人员的工作目标可分为销售目标、市场目标、利润目标和资源目标四大类。

（一）销售目标

由于华为产品的特殊性，并非所有销售目标都适合分解为月度销售目标，以季度为单位的目标设计更容易量化和统计。因此，华为的销售目标是以季度为单位设定的，其销售目标体系主要由季度销售目标、半年度销售目标、年度销售目标构成。销售目标完成率是绩效考核中的重要指标，它是区域内的实际完成销售总额与目标的比值。

（二）市场目标

市场目标是用于考察市场的经营情况，包括所辖区域内各类产品的产品覆盖率、市场占有率、多元化产品的准入、网络层次、销售增长率（环比）等的。由于产品的特殊性，华为的市场目标也是以季度为单位设定的。由于市场目标是过程指标，营销团队内部可以设计自我监控和自我考核的周期，以便加强过程管理，确保季度市场目标、半年度市场目标、年度市场目标等的完成。但是，由于市场目标的周期较长，自我监控和考核的周期不宜设定太长，做日计划和周计划时应根据区域的具体情况灵活把控。

（三）利润目标

利润目标是销售目标和成本控制等要素二次统计的结果，其影响因素包括成本投入、订单的商务条件、货款、信用账期、尾款等。利润目标有月度、季度、半年度等周期，利润考核周期一般是根据销售目标的考核周期来设计的。营销人员对订单的预测，对市场信息的掌握，以及对客户需求的洞察等，决定了利润目标的完成状况。

（四）资源目标

资源目标包括市场关系改进、市场规划、客户分析、客户分级和升级、订单跟踪与进展等。资源目标与销售目标和利润目标有所不同，它属于职能指标，而非财务指标，不太好量化考核。但资源目标的实现是公司达成销售目标和利润目标的重要保障，设立资源目标的目的是改善市场关系、优化营销、升级管理和聚焦市场资源。其考核周期可以参考销售目标、利润目标的考核周期来设计。

三、例行工作

例行工作指的是按照规定周期（如每天、每周）持续开展的常态性工作，可分为业务工作、制订工作计划、工作总结与汇报、寻求支援、建立文档等内容。

（一）业务工作

业务工作是营销人员最基本的日常工作，几乎每天都会有所涉及。下面是最主要的几项业务工作内容。

1. 建立市场关系

● 拜访客户。

● 更新和熟悉公司及产品介绍。

● 通过做项目促进市场关系，借助市场关系促成项目的成功。

● 组织技术交流会、研讨会和展示会等会议。

● 组织客户参观、考察公司及样板点。

● 规划与实施公共关系和市场关系。

● 建立与维护区域市场客户档案。

2. 信息收集和反馈

华为把市场信息分为四个维度（"四情"）：我情、行情、客情和敌情。营销人员根据"四情"来收集、梳理和分析信息。基于信息类型的差异，信息整理工作的侧重点分别是：客情重需求，敌情看变化，行情测趋势，我情补短板。其具体的工作细则如下。

● 收集与整理区域市场所有客户群的网络规划及需求信息。

● 收集与整理区域市场上各类竞品的信息。

● 观察和预测区域市场的行业发展情况。

● 填写和汇报工作周报与建设项目动态表。

● 进行区域市场的前瞻性规划和报告。

● 组织上级部门要求的以销售为主题的会议和阶段性总结。

● 进行区域市场的项目复盘和项目资料的归档。

● 提交销售、利润和市场关系等报表。

3. 市场规划和预测

● 分析区域市场的整体规划思路。

● 制订区域市场的阶段性工作推进计划。

● 预测区域市场的未来市场动态。

● 提出区域客户经理对动态预测的对策。

● 跟上一阶段市场规划和预测进行对比、分析，检查决策有无失误或偏差。

● 分析区域市场规划和预测的偏差并采取弥补措施。

4. 市场的潜力分析及项目挖掘

● 分析区域市场的潜力，挖掘新需求。

● 分析区域市场的存量市场的维护和增量市场的切入点。

● 设计区域市场在增量市场的项目挖掘规划和阶段性行为。

● 组织区域市场项目挖掘的协同会议，设计要求总部支持资源的清单。

● 设计区域市场引导需求而不是满足需求的方案，完成可行性报告。

5. 项目推动

● 明确项目的策划与实施节点。

● 进行项目申报与跟踪。

● 完成项目跟踪、监控中的信息反馈与优化。

● 组织区域市场框架协议。

● 组织召开区域市场的产品分析会。

● 进行项目的定期复盘与总结，制订下一阶段的计划。

● 推动项目的最终成交。

● 落实项目成交后的交接与交付。

6. 货款回收

● 设计理想的融资条件。

● 设计理想的商务条件。

● 设计理想的付款方式。

● 设计可控尾款的回收方案。

（二）制订工作计划

营销人员应当围绕工作目标来制订工作计划。工作计划要合理，可以在执行过程中根据实际情况调整。计划可以调，但目标不能变，因为调整计划是为了更好地完成目标，而不是放弃目标。

1. 制订计划的常见误区

● 对工作目标的分解不合理。

● 工作任务无法支撑工作目标。

● 目标设定没有遵照 SMART（具体的、可衡量的、可达到的、相关联的、有明确完成时间的）原则。

● 工作任务中未设置有效监控点。

● 工作任务中缺少改进和改善计划。

● 工作任务中没有为不可抗因素的出现预留弹性时间。

● 工作计划中缺少紧急预案。

2. 制订工作计划的步骤

第一步：根据公司的宏观政策，结合区域的建设计划，对本地网络做出准确的评价。

第二步：根据客户关系、竞争对手的状况、行业发展动态预测及华为的总体战略规划，制订华为在本地网络的工作目标。

第三步：分析公式的优势、劣势、机会和威胁等内部、外部要素，结合客户的决策链和决策流程，确定工作重点，制订总体工作计划。

3. 确定区域市场总目标及各阶段性目标

● 确保总目标设计的合理性和科学性。

● 按阶段性分解总目标。

● 按区域分解总目标。

● 按产品分解总目标。

● 按团队分解总目标。

● 进行总目标分解后的试运行及调整。

● 检查目标分解中 WBS[①] 工具的使用。

● 目标实施过程中阶段性调整和优化节点设计。

4. 周计划、月计划和季度计划

● 将季度任务分解到月，并制订季度计划。

● 将月任务分解到周，并制订月计划。

● 明确周任务，并制订周计划。

● 注意周计划、月计划、季度计划的协同。

● 注意周计划、月计划、季度计划的优化。

● 申请和准备周计划、月计划、季度计划所需的市场资源。

---

① WBS: Work Breakdown Structure（工作分解结构），是指把项目按阶段可交付成果分解成较小的、更易于管理的组成部分。

（三）工作总结与汇报

华为对员工的工作总结与汇报有以下几点要求。

1. 项目执行过程中应注意以下事项

● 严格执行计划。

● 如发生意外变数（不可预测情况），应根据轻重缓急及时调整工作计划并迅速执行。

● 分析、记录和总结监控点跟踪工作的进展情况。

● 工作总结应该包括成果的总结、问题的分析、解决的方法及对策等。

● 用数字和事实说话，辅以有启发意义或参考价值的案例。

● 当工作有重大进展或遇到较大问题未能按计划开展时，应主动向项目经理、副主任等主管汇报情况。

● 当发现客户和竞争对手的重要动态时，应及时向组织汇报。

● 当发现公司的产品和方案与客户需求不匹配时，应及时向组织汇报。

● 为协同不同部门的资源，必要时可以申请召开计划实施过程报告会。

2. 工作汇报和总结应该量化成BOM表

营销人员的工作汇报和总结应该量化成BOM表，具体见表1-1。

表1-1　工作汇报和总结BOM表

内容	时间	输入者
市场目标、销售目标责任书	每季度末	销售副主任
公关改进、货款回收目标责任书	每季度末	销售副主任
月度销售目标	每月末	销售副主任

内容	时间	输入者
各产品策略在区域市场的落实情况	每季度末	专项销售部、各产品经理
各产品的技术知识培训	不定期	专项销售部、各产品经理
公司、国内营销部最新政策及动向	不定期	销售主任、销售副主任、国内营销各业务部门
公司发货时间的落实跟踪	不定期	客户代表
工程、设备运行情况报告	周报	用户服务部
标书	不定期	产品经理及电信设计部门
区域市场公关关系策划报告	每季度第一个月5日前	中国电信系统部
区域市场策划报告（年度、季度）	每季度第一个5日前	国内营销策划部
目标承诺书（年度、季度、月度）	每月月初	销售主任、销售副主任
区域市场信息周报	每周	销售副主任、项目部经理
区域市场建设项目动态表	每周	销售副主任、项目部经理、产品部
月度工作总结和季度述职报告	每月月初	销售副主任、项目部经理
出差总结报告	不定期	销售副主任、项目部经理
重要客户拜访报告	不定期	系统部、销售副主任、项目部经理

内容	时间	输入者
正确的合同	不定期	客户代表
用户满意度跟踪及客户背景情况	不定期	用户服务部
技术支持、方案及报价申请	不定期	销售副主任、项目部经理、产品经理

总之，营销人员应该在工作中做到"汇报工作说结果，请示工作说方案，总结工作说流程，部署工作说标准，关心下级问过程，交接工作讲道德，回忆工作说感受"。而且，在总结、汇报工作时，营销人员千万不要忽略平时在业务上有紧密联系的一切上级、平级。即使对方不是你的直接主管，也对你能否完成工作计划有或多或少的影响。

（四）寻求支援

华为创始人任正非说过："我转而去创建华为时，不再是自己去做专家，而是做组织者。在时代前面，我越来越不懂技术、越来越不懂财务、半懂不懂管理，如果不能民主地善待团体，充分发挥各路英雄的作用，我将一事无成。"

项目不是光靠一人之力就能完成的，向他人或者组织寻求支援的过程，就是一个整合资源的过程。你可以获得的支援包括但不限于以下五个方面。

● 高层关系。

● 决策链信息。

● 技术培训与推广。

● 商务授权。

● 培训和绩效辅导。

（五）建立文档

对于营销人员来说，文档管理是知识管理的重要组成部分，对积累工作经验、提高工作效率、提升认知水平和综合能力大有好处。平时多纪录信息，多积累数据，才能从瞬息万变的市场中发现新需求，捕捉新商机，挖掘新客户，开拓新市场。因此，华为一直提倡一线营销人员要养成记录、整理和使用文档的良好习惯，并提出了如下要求。

● 平时多记、多写、多回顾。

● 建立便于查询和追溯的书面记录与电子文档。

● 做好书面和电子文档的整理与管理。

● 共享和分享文档内容。

● 注意文档内容的保密和上交归档。

● 每天整理记录内容，每周对文档进行分类归档。

● 运用"左手栏法"，在记录内容的左侧写下自己的感悟、自省或分析自己的不足。

自我检查

根据下面的内容做个小测试，符合情况的就在后面的括号里打"√"，不符合的就打"×"。每个"√"得1分，每个"×"得0分。得分越高，说明你在这方面做得越好；反之，则说明你需要改进的方面越多。

（1）你了解自己在公司扮演的职场角色。（　）

（2）你明确公司、部门、团队和自己的工作目标。（　）

（3）你能圆满地完成所有的例行工作。（　）

（4）你能制订出科学、合理、可操作的工作计划。（　）

（5）你的工作汇报和总结足够全面、详细。（　）

（6）你明白工作遇到问题时应该向谁求助。（　）

（7）你建立了自己的资料库。（　）

注：总分0～1分为不及格，2～3分为及格，4～5分为良好，6～7分为优秀。

构建"N+1+N"业务知识运用模型

华为营销人员需要了解哪些业务知识？

每一位营销新手，都要过业务知识学习这一关。学习业务知识仅仅是背诵公司发的产品资料吗？当然不是，那只是最低层次的学习。当代营销人员应当具备更强的学习能力，能把一个个知识点串联成知识线，再将知识线扩展为知识面，最终构建成一个业务知识运用的"N+1+N"模型。

在"N+1+N"模型中，第一个"N"是指对市场现象和行为的观察。市场现象纷繁复杂，问题多多，所以用"N"来表示。明代医学大家张介宾有句哲言："有善求者，能于纷杂中而独知所归，千万中而独握其一。"这个"独握其一"的"一"，就是解决问题的关键。若将这句哲言用在营销领域，就是运用你的知识、经验来找出解决问题的方案，解决市场问题的那个"1"（也就是"N+1+N"模型中的"1"）。当你找到这个"1"后，还要将其还原到真实市场"N"中进行验证和修正。

这便是"N+1+N"业务知识运用模型。当你掌握了它之后，就能应对千变万化的市场问题。不过，要想构建"N+1+N"业务知识运用模型，首先要充分掌握大量产品和业务的基础知识。没有完整的业务知识体系做支撑，你就无法做好基本的营销工作，更别说成为熟练运用"N+1+N"业务知识模型的营销专家了。

以下业务知识将成为你玩转营销、征战市场的趁手兵器。

一、基本业务知识

营销人员要是不懂技术和产品，在客户面前一问三不知，就没有办法取得客户信任。华为很清楚这个道理，于是为自家营销人员归纳出了一个应当掌握的基本知识体系。这个业务基本知识体系包含以下两方面内容。

（一）电信基础知识

华为是全球领先的信息与通信技术解决方案供应商。营销人员不懂电信基础知识是万万不行的。他们需要了解的内容主要有以下几点。

● 基本交换原理。

● 传输基本原理。

● DTV 业务基础。

● WCDMA 基本知识。

● CDMA2000 基本知识。

● WBS 层的基线拉通。

● OTC/P2P 一表拉通。

● 光传输基本知识。

华为营销的是产品和服务，都有很强的技术性。这些知识对营销方案设计、与客户交流以及商务谈判都起到了十分重要的作用。试想一下，如果一位客户经理只会背诵产品性能参数，却无法与客户交流相关的电信技术问题，又怎么可能充分理解具体项目中的产品和方案呢？客户肯定不会喜欢跟一个只会讲营销套话的技术盲打交道。如果你熟悉电信知识，自然能明白客户的痛点和需求，进而增强营销方案的说服力，让客户乐意跟你合作。

（二）网络发展概况

优秀的营销人员应当对本行业的未来发展有一定的预判。只有认识并掌握国内外的电信网络发展现状和潮流，才能为客户献计献策，影响客户的决策。

中国的通信技术在 1G 时代全面落后，在 2G 时代蹒跚学步，在 3G 时代寻求突破，到了 4G 时代才开始追上世界水平，并在 5G 时代获得了领先地位。华为亲历了这几十年发展过程，勇于拓荒，深耕细作，才成为全球领先的信息与通信技术解决方案供应商。

如今 6G 时代也悄然到来。我国在 2019 年成立了 6G 推进组，系统推进需求、技术、标准及国际合作等各项工作，并启动 6G 技术试验。2023 年 12 月 5 日，我国 6G 推进组首次对外发布了"6G 网络架构展望"和"6G 无线系统设计原则和典型特征"等技术方案，这将为 6G 从万物互联走向万物智联提供技术路径。

电信网络的发展趋势，改变了客户的需求，促使营销人员在营销方面也推陈出新。营销人员应当掌握本行业最新的业务知识，了解和洞察行业发展的逻辑和脉络，思想走在客户需求的前面，参与客户需求方案的前端设计。换言之，把满足客户需求转变为创造客户需求。

二、熟悉公司产品

华为的产品和服务是多样化的。如果你想要获得多渠道营销能力，就不能不充分熟悉公司各类产品。通常，你可以从以下两方面努力。

（一）熟悉产品的基本特点

1. 了解公司产品

你应当熟悉公司产品的种类、型号、系统、性能特点、技术水平、价位、对外宣传口径，以及版本更新和优化方向。对于这方面的知识，掌握得越多、越广就越有利。华为系列产品在功能上不逊色于国外任何一家友商（华为对"竞争对手"的特有称呼），潜力很大，也颇有性价比优势。营销人员只有对公司产品的特点了然于胸，才能做到"依靠而不依赖"技术人员，在和客户在技术谈判中拥有主动权。

2. 了解竞争对手产品

知己知彼，百战不殆。了解行情、我情、敌情和客情，是赢得订单的前提。营销人员不光要了解自家的产品，还要充分调查竞争对手的产品，从技术思路、功能特点等方面进行对比，总结我方产品的优势，在谈判中以己之长攻彼之短，让客户折服。

我们了解竞争对手的目的并不是为了打败对手，而是要更好地服务客户，为客户推荐更符合其需求的产品和方案。华为勇于在市场上跟竞争对手正面交锋，但也不赞同独霸市场，而是始终把对手视为帮手，坚持和友商在竞争与合作中共同发展。大家一起形成了生态圈，共同满足客户的需求，才能让市场变得更加繁荣昌盛。

（二）把握市场发展前景

《华为基本法》："我们不满足于总体销售额的增长，我们必须清楚公司的每一种主导产品的市场份额是多大，应该达到多大。特别是新产品、新兴市场的市场份额和销售份额更为重要。"

为了把握市场发展前景，营销人员需要了解以下一些信息。

● 市场需求。

● 竞争格局。

● 网络现状。

● 国外相似区域发展现状。

● 发展趋势。

● 市场前景。

● 市场预测。

● 区域行情。

● 覆盖率。

● 市场准入。

● 销售额。

● 贷款回收情况。

做营销不能只看具体的产品，而忽略市场形势。我们不要用被动应对的思维去满足客户需求，而要用主动引导的思维去创造新需求。优秀的营销人员善于创造客户的新需求，并能把每一个营销细节做到极致，在任何一个环节都胜过竞争对手，不在任何一个环节让客户产生顾虑。

三、营销基础知识

营销知识是销售人员必须掌握的基础知识之一，它是你从事销售工作的基础。

（一）市场营销学

1. 基本知识

营销人员应该掌握的市场营销基本知识，主要包括以下方面。

- 管理学。

- 财务管理。

- 营销管理。

- 人力资源。

- 品牌。

- 服务。

- 商务谈判。

- 贸易。

- 经济法和公司法。

- 公共关系管理。

- 危机公关。

2. 销售技术

营销人员应当掌握的销售技术知识，主要包括以下方面。

- 技术交流组织。

- 产品报价。

- 技术谈判。

- 商务流程设计。

- 客户洞察。

- 标书制作。

- 合同设计。

- 陈述技巧。

以上这些方面的知识，都是你日常工作中直接用到的硬功夫。

（二）拓展客户关系的知识

"以客户为中心"是华为倡导的服务理念。营销人员应该与客户组成一个可持续的利益共同体关系。为了更好地为客户服务，我们应当掌握以下知识。

1. 客户关系知识

（1）个人用户的需求。华为做的每一个产品定位和品牌定位决策，前提都是充分了解用户的消费习惯和方式。消费者的需求变化，特别是年轻人的消费习惯和价值诉求，促进了华为产品的升级迭代。营销人员只有通过大量市场调研，充分把握个人用户需求后，才能推出个性化的营销方案。此外，将市场一线的最新真实消费信息上报公司，以供公司决策者对市场形势做出正确的判断，也是华为营销人员义不容辞的义务。

（2）运营商决策链。不同运营商系统对应不同的主管部门，不同的网络等级有不同的决策主管。只有弄清楚运营商决策链，才知道合作谈判应该找的决策对象。

（3）企业决策链。在今天，企业端客户的智能化和数字化升级潜在需求有所增加。华为致力于为运营商客户、企业客户和消费者提供有竞争力的ICT解决方案、产品和服务，并致力于实现未来信息社会，构建更美好的全连接的世界。营销人员应当重视企业端客户的需求变化，为客户公司的转型升级和新旧动能转换做好信息平台的搭建和服务工作。

（4）组织内部决策者。只有准确地把握市场决策中的关键性人物，营销工作才能如鱼得水。营销人员必须充分了解客户各层决策者，摸透他们的关注点和性格特点。比如，技术型决策者更关注产品的技术性能与设备的先进性、稳定性；情感型决策者更重视人际关系是否融洽、可靠；经济型决策者更关心产品与服务的成本，以及个人或小团体的利益得失。针对不同类型的客户决策者，制定不同的差异化营销方案，是华为营销人员的基本功。

2. 客户现状与需求

华为在全球170多个国家的三位一体化的服务，在世界各地都设有备件库和专业维护工程师。公司的技术、产品、方案、服务都与当地的环境、技术和法规实现了无缝契合。尽管如此，华为的竞争对手一刻没停歇，华为也自然不能不抱有强烈的危机意识。为此，营销人员应当更早、更精确、更全面地掌握客户的现状与需求。没有一种产品是完美的，没有一个客户是一成不变的。营销人员要随时盯紧客户需求的变化，充分理解客户的感受，力争走在客户的需求前面，这样才能最大限度地减弱竞争对手对客户的干预力度。

（三）友商（竞争对手）

华为的关注点一直在于客户需求的变化，而不在于与竞争对手争短长。客户才是公司生存和发展的根本。华为不认为自己和竞争对手之间是你死我活的关系，反而在战略上高举合作的旗帜，并把竞争对手定义为"友商"。华为与友商是既有竞争又有合作的关系（简称"竞合"关系）。对于友商的动态，营销人员需要关注的信息主要包括以下几方面。

● 实力强弱。

● 优势和劣势。

● 威胁和机会。

● 潜在的进入者。

● 市场战略。

- 市场策略。

- 产品策略。

- 技术策略。

- 商务策略。

当你掌握了上述营销基础知识，就能及时捕捉客户的真实需求，及时掌握友商产品的优劣点，找到客户中的关键决策人，让营销工作赢在起跑线上。

四、广博的知识面

营销人员要想掌握业务知识运用的"N+1+N"模型，必须广泛学习各种看似跟营销无关的常识，成为一个见多识广的"杂家"。这样做不仅有利于提升你自己的层次和修养，也更容易在交流中与各类客户产生共鸣。知识的积累是一个厚积薄发的过程。只要你坚持学习，积累的知识迟早就会在未来以你意想不到的方式回报你。

案 例 回 放

华为从2015年开始定义了一个新的岗位——"合同场景师"。这个岗位是华为根据复杂多变的市场发展需要而设置的。它的诞生从侧面反映了华为对广博知识人才的渴求。

在过去，华为往往是基于标准合同来制定销售合同条款的。事实上，运营商的经营状况差别比较大。有时候，一个运营商就需要一个差异化的合同场景。如果没有一个能读懂差异化场景的专家来设置差异化的合同场景和条款，就很难完美地满足客户多样化的需求。

简单来说，华为的合同场景师就是可以在恰当的时间、恰当的地方，使用恰当的方法，打赢一场战争的"参谋长"。

任正非在一次讲话中把合同场景师定义为"参谋长"。因为合同场景师要深入了解所在国家的政治环境、营商环境、货币环境、人文地理和交付条件等，既要具备宏观层面的系统思维能力，又要有广博的知识储备来解决微观的具体方案细节。这样的复合型人才，堪称对"N+1+N"业务知识运用模型的最佳诠释。

自我检查

根据下面的内容做个小测试，符合情况的就在后面的括号里打"√"，不符合的就打"×"。每个"√"得1分，每个"×"得0分。得分越高，说明你在这方面做得越好；反之，则说明你需要改进的方面越多。

（1）你了解电信基础知识。（　　）

（2）你了解通信工业和网络发展的趋势。（　　）

（3）你能说出公司主要产品的卖点、实惠点和技术支撑点。（　　）

（4）你能说出竞争对手的主要产品的特点。（　　）

（5）你熟悉市场营销基础知识。（　　）

（6）你熟悉公司主要客户的基本情况。（　　）

（7）你被同事和客户认为是博学多识的人。（　　）

注：总分0～1分为不及格，2～3分为及格，4～5分为良好，6～7分为优秀。

具备必不可少的员工基本素质

华为对员工的基本素质要求。

华为认为员工应该具备的七种基本素质：成就导向、适应能力、主动性、人际理解、关系建立、服务精神和收集信息。

（一）成就导向

成就导向就是对成功有着强烈的向往。销售工作困难重重，营销人员容易受挫，业绩得来不易。从新手到专家，需要学习和成长的方面还真不少。这就需要营销人员具有强大的抗压能力，而对成功的渴望就是抗压能力的最主要来源。

拥有成就导向的人会把事业成功作为自己的终生奋斗目标，不断追求更快、更好、更新、更出众，为此百折不挠、坚持不懈。他们懂得怎样正确地调节自我，弥补自身短板，为自己的点滴成功喝彩，从而充分挖掘自己的潜能，变得越来越强大。

（二）适应能力

销售环境是千变万化的，没有哪个营销高手能用一种办法占领所有的市场，以及赢得所有的客户。在面对新市场、新客户、新产品、新政策时，盲目照搬过去的成功经验，结果往往会劳而无功。所以一名营销高手必须具备出色的适应能力。

适应能力就是能对环境的变化做出正确的反应，面对失败和挫折时能保持积极心态，坚决采取行动并战胜困难。只有适应能力足够强大，你才能对市场、地域、人群、文化等环境的变化应对自如。

无论你在何时何地，销售的是什么产品，面对性格、爱好和价值观各不相同的客户，都应该处变不惊，临危不惧，冷静分析，周密部署，灵活应对各种具体情况。面对充满不确定性的市场环境，最好的办法就是小步快跑，快速试错。也许你竭尽所能也功败垂成，但还是要学会以平和的心态接受现实，做到"得意不忘形，失意不失态"。拥有这种适应能力的人才能无往不利，战无不胜。

（三）主动性

所谓主动性，就是以前瞻性的眼光发现问题、排除障碍、捕捉机会，就是不被动等待指示，发扬自主作战精神。

市场瞬息万变，商机稍纵即逝。营销人员如果缺乏主动性，对市场变化没有前瞻性，那么错失良机将成为一个常态。缺乏主动性的员工，很难取得令人认可的成就。缺乏主动性的团队，无异于一盘散沙。

主动性能帮助你实现个人成长，从而领先你的竞争对手一步。如果团队成员个个具有主动性，就能让团队内氛围充满阳光、斗志昂扬，成为在市场中摧城拔寨的铁军。主动突破困境，困境渐成佳境。

华为历来有两个战略："固土深耕"与"开疆拓土"。

固土深耕就是强化原有市场的领先优势。这就要求营销人员不能躺在功劳簿上睡大觉，而是要持续深耕市场，挖掘新的客户需求，不断研发新产品与新服务的组合。如果没有足够的主动性，深耕就会流于形式，沦为浅耕。

开疆拓土就是开辟新市场，开拓新客户，开发新产品，扩张公司产品的市场覆盖面及提升占有率。这种积极进取的战略，更加需要营销人员深刻领会公司的会议精神和文件，了解总局的明确需求，了解兄弟部门的做法，以积极的主动性和前瞻性去开创新局面。

（四）人际理解

人际交往的基础是相互理解。要想处理好跟同事、领导、客户、家人的关系，人际理解是一堂必修课。通过交往来理解他人遇到的问题，理解其言行举止背后的所思所想，就可以成为对方的"知心人"。当对方向你敞开心扉，跟你建立了互相信任关系时，你就能顺利、圆满地完成工作任务了。

人际理解这项能力素质很难修炼，因为人心难测，悲欢未必相通。他人真正的愿望，往往不会表达或者只有部分表达出来。而且他们所说所做，背后很可能隐藏着复杂的动机。人际理解要求我们重视倾听与体谅，力求理解他人的情绪、情感、想法和动机。为此，我们需要详细了解对方的背景、经历、习惯和价值观，由此对对方产生比较全面、深入、客观的了解。

提升人际理解能力非一朝一夕之功。我们既要保持一颗同理心，又要不断学习，丰富知识和阅历，把自己锻炼成一个善解人意、令人乐于结交的人。

（五）关系建立

推销大师汤姆·霍普金斯说过："销售就是不断地去找更多的人，以及销售产品给你找的人。"对于营销人员来说，关系建立是迈向成功的基石。

任正非说过："要是只有一把丝线，是不能把鱼给抓住的，一定要将这丝线结成网，这种网有一个个的网点。人生就是通过不断地总结，形成一个一个的网点，进而结成一个大网。"

这个结网原理同样适用于人际关系的建立，特别是对客户关系管理有很强的指导意义。营销人员需要在社交中建立一个点，形成一条线，最后织成一张市场关系网。因为市场关系网中每个人背后代表的是某种资源，整个网络能帮你整合各种所需的资源。

关系建立需要营销人员具有与人建立或保持友好、互利、良好关系的强烈愿望，愿意与他人交往，乐于与他人沟通。良好的客户关系是"买卖也成，仁义也在"，彼此交往与互动是互惠互利的，是友好而融洽的。要以诚信为根基，以客户为中心，每做成一笔交易就赢得一次美誉，让这张市场关系网闪耀着情义之光。

（六）服务精神

技术领先的产品是华为安身立命之本，无微不至的服务是华为克敌制胜的法宝。在"互联网+"时代，做好服务，你就是客户信赖的朋友；服务不到位，你就是被对手淘汰的对象。我们要跟客户的需求赛跑，用领先的服务创造感动，而不能让滞后的服务招致抱怨。

服务精神不止在售后服务环节，而应该贯穿于售前、售中和售后三个环节。好的售后服务是上一轮销售的结尾，也是新一轮销售的开端。

营销新手容易犯一种错误——用自己以为最好的方式去对待客户，而不是用客户喜闻乐见的方式对待客户。也许你自以为在为客户节省时间，替客户争取实惠，实际上反而使客户感受到压力和胁迫，对你产生排斥心理。

如果你在交流中总是只从自身利益出发，那么最终得到的将是客户的猜忌与戒备。虽然主动权在你，但话语权在客户。沟通应该是耐心引导，而不是咄咄逼人。所以，要想做好服务，我们必须学会站在客户的角度思考。

把服务精神发挥到极致的人，比客户更能理解需求的真谛，能够引领客户察觉他们自己忽略的潜在需求。只要把客户感动了，市场就被你撼动了。

（七）收集信息

任正非说过："数据和信息是我们独一无二的资源。IT 系统可以被复制，流程和组织可以被模仿，员工也可以跳槽，唯有信息和数据既不会被复制，又不会被模仿，如果能充分利用信息和数据资源创新产品，为客户提供差异化的服务，我们就能创造出区别于竞争对手的核心竞争力。"

在"互联网 +"时代，没有信息的支援就如盲人骑瞎马，夜半临深池。勤于收集信息也是成为营销高手必不可少的一项基本素养。我们要培养自己对信息的灵敏嗅觉，使用各种方法去挖掘和梳理信息，再通过缜密的情报分析来把握市场机遇。

信息收集和分析整理是营销人员必备的素质。这是一个信息爆炸的时代，有效信息和无效信息往往混杂在一起。甄别有效信息的能力高低决定了你能否得出正确的结论。只有结论正确了，制定的策略才会有效，才不至于浪费市场资源。

自我检查

根据下面的内容做个小测试，符合情况的就在前面的括号里打"√"，不符合的就打"×"。每个"√"得1分，每个"×"得0分。得分越高，说明你在这方面做得越好；反之，则说明你需要改进的方面越多。

（1）你对成功怀有强烈的渴望。（　）

（2）你能适应多种不同的工作环境。（　）

（3）你具备积极开疆拓土的主动性。（　）

（4）你具备良好的人际理解能力。（　）

（5）你建立了自己的市场关系网络。（　）

（6）你的服务精神得到过客户的称赞。（　）

（7）你高度重视信息的收集和整理工作。（　）

注：总分0~1分为不及格，2~3分为及格，4~5分为良好，6~7分为优秀。

知识拓展：华为销售人员工具箱之一

一、怎样策划第一次拜访客户

初次拜访客户的关键不是你给客户传递了什么信息，而是客户接收到了什么信息。失败的准备就是准备好了失败。成功的准备需要做到"三个清楚"，如图1-1所示。

图1-1 成功准备的"三个清楚"

1. 想清楚

想清楚就是在拜访客户前做好策划，具体分为以下三个步骤。

（1）分析客户的背景和基本信息，主要包括以下七个方面的内容。

● 客户的行业信息。

● 客户的公司信息。

● 客户的产品或解决方案信息。

● 客户合作伙伴的相关信息。

● 客户的个人信息（教育、经历、性格、爱好、负责的工作等）。

● 项目现状。

● 双方关系。

（2）确定拜访客户要达成的目标，一般包含以下五方面的内容。

● 了解客户需求。

● 建立双方信任。

● 获取相关信息。

● 争取项目支持。

● 建立业务合作关系。

（3）策划拜访客户的过程，主要包含以下八方面的内容。

● 见面的时间、地点、人数、形式等。

● 需准备的汇报材料、企业文化礼品等。

● 我方人员形象、服装等。

● 开场白。

● 营造轻松的氛围。

● 我方的发言顺序、分工，展现专业、简洁明晰。

● 设想客户可能提出的问题、可能的反应及对策。

● 总结和争取客户的承诺。

2. 写清楚

我们给客户准备的材料，一定要让客户看得懂，务必做到以下四点。

（1）根据客户背景、需求和痛点，进行客户化定制，让客户觉得有价值。

（2）符合公司统一的材料制作要求。

（3）材料主题明确，结构完整，逻辑清晰。

（4）用于现场宣讲的 PPT 风格要得体，能够留住客户的视线。

3. 讲清楚

"讲清楚"，指用客户听得懂的语言来讲，主要包括以下四点。

（1）重要汇报一定要先在公司内部试讲。

（2）少用生硬的专业术语、缩略语。

（3）站在客户角度，察言观色，注意倾听，听懂客户真实意图，表达时观点鲜明，聚焦客户感兴趣的问题。

（4）关注重点客户的诉求，也要注意照顾其他客户的诉求。

二、怎样保持稳定的客户关系

客户关系如同谈恋爱：日思夜想、敢于投入、舍得时间、受得委屈。只有在以下五个方面投入时间精力，才能走进客户心里。

1. 知己知彼

（1）深入了解客户信息，建立客户信息档案。

（2）获取关键客户的 KPI，了解其需求及痛点。

（3）了解客户的性格特征和沟通风格（识别为谨慎型 / 稳健型 / 支配型 / 影响型）。

（4）认识自我，匹配客户兴趣点和风格，充分发挥自身长处。

2. 保持连接

（1）利用自身优势和客户特点进行匹配，寻找与客户的连接点（如相同背景经历、相似爱好，或者互补点、欣赏点等）。

（2）激发客户"好为人师"的兴趣点，使其获得成就感。

（3）客户不是单纯的购买者，打造客户的参与感，让其能够参与到产品的设计或价值创造中去。

（4）把握节奏，循序渐进，逐步提升连接的强度。既要勇于打破边界，又要善于把握尺度。保持尊重，让客户始终觉得舒适与安全，从而放下防备心理。同时注意扩大接触面，用合理的手段去试探和验证，推动客户关系的进一步发展。

3. 保持客户连接的十大方法

（1）日常拜访交流：指销售人员日常非正式地对客户个人的拜访（包含见面、微信、朋友圈互动、邮件等）。

（2）正式专题交流：针对某个主题（如技术、方案、市场、生态等），我方团队与客户团队进行正式交流活动。

（3）参观体验：邀请客户参观样板点等。

（4）组织团队活动：组织双方团队或部门的联谊活动。

（5）联合发布：与客户就约定的主题进行公开的联合宣传、推广等营销活动。

（6）高层发送信函：推动公司高层对客户发送正式函件，包括邀请函、祝福函、感谢信等。

（7）邀请公司考察：邀请客户到总部或分支机构、研究所进行参观、交流、体验等。

（8）策划高层拜访：策划公司高层拜访客户。

（9）参加展会论坛或管理研讨：邀请客户参加由公司或者第三方组织的展会论坛或管理研讨活动。

（10）举行高层峰会：组织双方高层就战略、合作等问题进行探讨、对标。

4. 积累信用

积累信用可以通过以下公式实现。

$$信用 = 专业能力 \times 靠谱 \times 连接度 \times 时间$$

其中，"专业能力"指知识、技能、经验；"靠谱"指老老实实做人，踏踏实实做事；"连接度"指与客户连接的频度、广度、深度；"时间"指日久见人心。

5. 合理诉求

（1）保持弹性。使用客户关系，不能一次性把要求提得太满，要有一定弹性，让客户有运作的空间。

（2）多点支持。提前做好其他层面或环节的客户关系，让客户可以"顺水推舟"或者"锦上添花"，支持你的项目。

（3）敢提要求。只要是提升客户价值或解决客户痛点的诉求，要敢于提出。

使用客户关系好比使用信用卡：不刷，额度上不去；常刷常还，越刷额度越高；刷爆了，封卡。

三、怎样策划客户考察公司方案

邀请客户考察公司是迅速拉近客户关系、取得客户信任的有效手段之一，一定要精心策划，力争把握住客户考察公司的每一次机会。

1. 接待方案基本流程

接待方案主要包括以下流程，如图1-2所示。

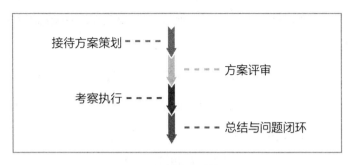

图 1-2　接待方案基本流程

2. 整体考察方案六大要素

（1）客户。必须深刻理解客户的业务诉求、痛点、兴趣点，将其梳理成五个"什么"（看什么、听什么、讲什么、见什么、送什么），避免强行给客户灌输和安排客户不感兴趣的内容。

（2）技术。针对客户业务痛点和需求，确定交流的主题和交流的专家，同时准备技术和方案交流材料，交流材料必须提前评审。

（3）体验。根据客户的业务需求和特点，安排其对公司展厅、体验中心、实验室、样板点等进行参观，让客户获得充分而良好的体验。

（4）领导。注意层级对等，确认参与接待的领导、专家，提前沟通和确认领导会谈的主题。

（5）行程。包括接送机、酒店、餐饮、参观等。

（6）评审。根据客户的级别确定参与评审的主管层级。

3. 考察执行

（1）确认资源。领导、专家、公司展厅、样板点、宴会、接送机等支撑资源需提前确认。

（2）内容对标。要与交流的领导、专家就会谈以及交流的内容提前进行沟通和对标。

（3）征询客户意见。及时将安排通知客户，根据客户的意见沟通调整。

（4）关注反馈。在考察过程中随时随地关注客户的反馈，灵活应对。

4. 考察总结与问题闭环

（1）考察总结、总体效果评估和目标达成情况要进行审视。

（2）双方高层会谈纪要整理、审核及发送。

（3）对客户考察中反馈的问题和诉求要跟踪与落实。

（4）安排好任务责任人和下一步计划。

（5）销售线索跟进。

（6）回访计划，后续互动。

（7）向客户代表团和公司参与接待的领导和专家致谢。

四、怎样拓展组织型客户关系

组织型客户关系是牵引大客户长远合作的发动机，最终体现为双方签订战略合作协议或框架。

1. 哪些客户适合建立组织型客户关系

（1）有良好的合作基础：合作规模大、合作面广。

（2）有能力和影响力：在行业内有影响力，技术能力强。

（3）有意愿：相互信任、利益共享。

（4）有价值：对彼此都有稳定的贡献或战略价值。

（5）合作有未来：双方战略匹配，可长期持续合作。

2. 建立组织型客户关系的主要方法

（1）联合品牌营销活动。我方品牌可以跟组织型客户品牌组成联合品牌，共同策划并执行推广联合品牌的营销活动。可以采取的具体形式如下四种。

● 联合现场会、发布新产品。

● 联合品牌、软文发布。

● 联合参展。

● 双方高层论坛。

（2）战略对话。公司应当跟组织型客户建立战略对话机制，以便双方加深相互了解，加强战略合作。战略对话机制包括以下四点。

● 举行高层峰会。

● 高层互访。

● 产品路标交流。

● 邀请参加战略研讨。

（3）联合创新，养育"共同的孩子"。我方可以与组织型客户在产品研发、商业模式等领域进行全方位合作，具体措施包括以下三点。

● 建立联合创新中心。

● 共同构建行业标准。

● 共同构建新商业模式。

（4）管理、培训、业务对接。双方公司的管理制度和业务内容方面往往存在差异，不打通业务流程，很容易在合作中产生摩擦。为此，我们可以开展以下三方面的工作。

● 举行管理研讨。

● 培训交流。

● 双方业务流程对接。

（5）构建例行沟通机制。保持畅通的沟通机制，才能及时消除误会，巩固信任关系。根据周期长短和管理层级高度，我们可以与组织型客户共同建立以下两个例行沟通机制。

● 年度例行高层沟通。

● 季度例行中层沟通。

第二章

▼

华为精英的
营销武器库

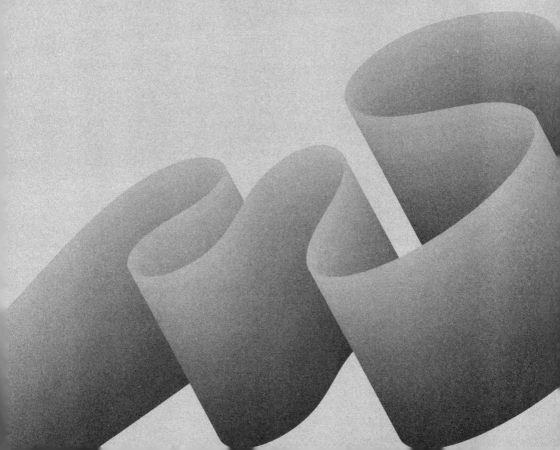

九招制胜法完成销售

华为营销人员通用的销售九招制胜法的概况。

销售是绝大多数公司最重要的工作。不少公司的管理运营水平一般，技术研发能力也不突出，却依靠少而精的明星营销人员完成了令人惊叹的销售业绩。

千军易得，一将难求。营销明星固然有出色的能力，可以帮公司突破各种目标市场，但一个人的能力再强大也是有限的。如果一家公司过分依赖营销明星，就意味着其难以在更广阔的市场开疆拓土。想要在业务上更上一层楼，公司就得摆脱对少数营销明星的依赖，最关键的就是把营销方法流程化、体系化，将一批批营销新手训练成营销高手。

华为是一家善于总结经验的公司，从创立之初就在不断总结经验，并将其形成员工培训材料。2004 年，华为在泰国得到爱立信公司赢单 11 招的材料，随后结合自身的实践经验加以改造，制成了用于培训营销人员的"九招制胜培训材料"。

"九招制胜"指的是完成销售要做的九件事。这九招分别是：

- 解读客户 KPI。

- 客户关系管理。

- 发展教练。

- 识别客户需求。

- 竞争对手分析。

- 差异化营销方案制定。

- 影响供应商选型。

- 呈现价值。

- 项目运作。

九招制胜是华为营销人员最基本的营销方法之一。我们接下来逐个讨论这九招的要点。

1. 解读客户 KPI

做销售的第一招是关注客户需求。营销新手常犯的错误是只关注自己想卖的东西，而不肯深入研究客户需求，结果总是莫名其妙地失去订单。有经验的营销人员会察言观色，揣摩客户的需求，从而提高交易成功率。华为的营销人员则突破了经验主义的层次，通过系统的方法训练，把解读客户 KPI 变成销售的基本步骤。

解读客户 KPI 就是理解客户的商业模式，分析其主要成功要素，了解客户的竞争环境以及各主要岗位的 KPI 等情况。这一招的精髓是从宏观上系统性地理解客户需求，摸清客户的发展战略，从而捕捉机会点。

为此，我们要注意收集客户企业的行业刊物、咨询报告、股东大会信息，确保公司产品或方案符合目标客户的战略发展方向，将机会点转为实实在在的项目。

2. 客户关系管理

客户关系管理的内容将在本章第二节详细展开，此处不再赘述。

3. 发展教练

华为的方法论是从客户中来，到客户中去。所谓发展教练就是在客户内部或相关利益者中找到跟你关系好的人，他能够把客户的情况告诉你，教你应该怎么做，所以这种人被称为教练。

大型企业普遍都有比较复杂的人际关系，内部成员的利益未必一致，看法也不尽相同。供应商之间是竞争对手，在客户内部往往也有支持不同供应商的人。如果营销人员能在客户中找到教练，让他把客户需求、竞争对手情况、决策链上每个人的想法告诉你，你的项目运作自然会事半功倍。

哪些单位和个人可以发展为教练呢？以华为非常重视的运营商业务为例，有电信管理机构、合作伙伴、咨询公司、投资银行、政府、退休的CXO[①]等。

4. 识别客户需求

营销本质上就是一个识别客户需求并满足需求的过程。营销高手的厉害之处在于能比竞争对手更好地识别和满足客户需求。华为把客户分为三种类型：组织客户、关键客户和普遍客户。我们要识别的客户需求也因此分为组织客户需求、关键客户需求和普遍客户需求三种类型。

客户需求又要细分为"组织需求"和"个人需求"。在大部分情况下，组织需求与关键客户的需求是统一的，但关键客户的个人需求未必跟组织需求完全一致。因此，我们要认真分析关键客户在组织中扮演的角色，准

---

① CXO（Chief Experience Officer，首席体验官）：企业中负责客户体验的最高行政领导，其任务是持续优化企业内部资源，不断提升客户体验，最终实现客户价值和企业价值的最大化。

确识别其个人需求与组织需求的差异。

客户需求还可以分为基础需求和高层次需求两个维度。客户的基础需求主要是产品与服务。高层次需求指的是系统解决方案，即客户购买的产品与服务能满足其公司运营战略的深层需要。

5. 竞争对手分析

光是有效识别客户需求，生产出相应的产品，还不足以致胜，因为我们的竞争对手同样可以这样做。想要赢得市场竞争，必须知己知彼，做好竞争对手分析。唯有这样，才能搞清楚客户还有哪些被我们遗漏的需求尚未得到满足，同时也能以对手为师，提高自身的水平。

我们既要站在客户的角度分析竞争对手，又要学会从竞争对手的视角分析其市场行为。

从客户视角进行分析的要点是：评估竞争对手作为客户供应商的级别重要性，竞争对手的政府关系及影响力，以及客户对其满意度高低。

从竞争对手视角进行分析，可以分析其技术设备水平、客户关系、历史价格和报价策略、产品交付历史情况、市场份额、营业增长情况、资源投放情况、公司运营模式等。

竞争对手分析的目标是帮助我方趋利避害，扬长避短，赢得客户的青睐。

6. 差异化营销方案制定

产品与服务同质化是没有出路的。在竞争日益激烈的今天，产品和服务的每一个差异点都是卖点，一定要在产品差异化方面做足文章。华为有强大的技术研发能力，又有以客户为中心的"铁三角销售团队"（见本书"组队作战篇"），在差异化营销方案的制定问题上做到了想客户之所想，急客户之所急。先用差异化卖点征服客户中倾向于我们的人，再以成功项目案例去争取中立观望的客户。层层推进，突出特色，扩大品牌影响力。

7. **影响供应商选型**

在今天，企业跟供应商的关系渐渐变成了战略合作伙伴关系。寻找可靠的供应商进行长期合作，对企业的生产经营活动影响巨大。华为对供应商的管理非常重视，具体包括供应商认证、供应商选择、供应商绩效、供应商组合、供应商发展和供应商协同管理等方面。

华为在进行供应商认证的时候，会先排除行业道德规范黑名单里的供应商，然后调查供应商中是否有华为员工、华为员工亲属持股，是否有离职华为员工担任中高层等情况。

此外，华为特别重视防范供应商带来的商务风险与技术质量风险，供应商的认证步骤经过采购决策评审组集体决策评审通过以后才能生效。

华为对供应商的绩效评估标准涉及以下八个维度。

● 技术。

● 质量。

● 响应。

● 交付。

● 成本。

● 环境。

● 社会责任。

● 网络安全。

公司会根据这八个标准对供应商进行分级管理，具体分为战略供应商、优选供应商、可选供应商、限选供应商和淘汰供应商。

8. 呈现价值

营销人员了解自家产品与服务的价值，但客户一开始是不了解的。能否打动客户，很大程度上取决于客户对价值的认知。对此，华为会组织区域品牌营销活动和五大关键营销活动，以此方式向客户呈现价值。我们将在后续章节详细论述。

9. 项目运作

华为有一套成熟的LTC流程来运营项目。我们将在第四章、第六章等章节详细介绍，此处不再赘述。

自我检查

根据下面的内容做个小测试，符合情况的就在后面的括号里打"√"，不符合的就打"×"。每个"√"得1分，每个"×"得0分。得分越高，说明你在这方面做得越好；反之，则说明你需要改进的方面越多。

（1）你掌握了华为九招制胜法的原理。（　）

（2）你能准确解读客户KPI。（　）

（3）你能从客户内部发展教练。（　）

（4）你擅长分析竞争对手。（　）

（5）你懂得如何识别客户高层次需求。（　）

（6）你懂得怎样制定差异化营销方案。（　）

（7）你懂得怎样评估供应商的等级。（　）

注：总分0~1分为不及格，2~3分为及格，4~5分为良好，6~7分为优秀。

全面的客户关系管理

华为人是怎样进行客户关系管理的？

客户关系是指企业为达到其经营目标，主动与客户建立的某种联系。这种联系可深可浅，最浅的是一次单纯的交易关系，最深的是双方基于共同利益而形成的联盟关系。

华为总结的销售四大关键要素分别是：解决方案、客户关系、融资、交付。对于营销人员而言，最重要的要素就是客户关系。虽然华为把解决方案排在第一位，但解决方案主要由占据华为员工半壁江山的产品技术研发人员负责，营销人员起辅助作用。营销人员的主要作用是进行客户关系管理。

客户关系管理是一个大课题。用任正非的话来说，"用户选择我，不选择你，就是核心竞争力"。在华为的核心流程里，有专门的 MCR 流程进行管理，里面的门道非常多，这里介绍的只是冰山一角。

一、建立三大客户关系

华为将客户关系分为三个层次：普遍客户关系、关键客户关系和组织客户关系。

　　普遍客户关系就是客户中的基层客户关系。

　　关键客户关系是指与在购买决策链中起关键作用的人的关系。

　　组织客户关系是指公司组织与公司组织之间基于战略的合作关系。

　　普遍客户关系是建立良好的市场拓展氛围的基础。这种客户关系通常由客户相关业务部门来维持，具体由每个营销人员来维护。普遍客户关系是最基本、最常见、回报利益最少的客户关系。

　　任正非曾经在一次讲话中强调："每一个客户经理、产品经理每周要与客户保持不少于5次的沟通，当然，还要注意有效提高沟通的质量。我们一再告诫大家，要重视普遍客户关系，这也是我们的一个竞争优势。普遍客户关系这个问题，是对所有部门的要求。坚持普遍客户原则就是见谁都好，不要认为对方仅是一个运维工程师就不作维护、介绍产品，这也是一票呀。"

　　华为很重视普遍客户关系管理，因为这样会给公司带来广泛的群众基础，获得更多信息和机会，有利于逐步占领竞争对手的市场。

　　相对于普遍客户关系管理，营销人员要更重视关键客户关系管理。如果你要想拿下一个具体的订单，就必须获得客户采购决策人的支持。这个决策人就是关键客户，对方是项目成功的关键。

　　普遍客户和关键客户都是针对客户个人的，组织客户关系则是公司与公司之间的合作，是需要公司上下一起努力维护的。做好组织客户关系管理，就等于为公司赢得了一个长期战略合作伙伴。这种客户是牵引企业长远发展的发动机。

　　华为对三大客户关系的管理方针是：重点瞄准关键客户关系的切入，

做好普遍客户关系的管理，最后形成组织客户关系。

华为把组织客户关系分为四个层级：Vendor 级、Supplier 级、Strategic Supplier 级、Partner 级。不同层级的管理方针存在差异。

● Vendor 级：偶尔有机会参与客户的投招标。

● Supplier 级：已经完成市场或产品准入，当客户将商务作为首要考核因素时，你才能成为可选对象。

● Strategic supplier 级：高层的例行互动、高层业务研讨会、关键产品进入、多产品进入、框架合同确定、定期例行高层对话和互访。

● Partner 级：合作深度（核心地位、价值区域）、双方战略合作协议、高层管理团队年会、管理研讨等。

华为的组织客户关系管理是层层递进的，随着合作关系的加深，组织客户等级也不断提升。公司通过这个途径来提升自己在战略价值运营商的参与空间、销售规模、市场份额、盈利能力及竞争格局。

值得注意的是，客户关系虽然很重要，但只依靠客户关系生存的公司反而做不好客户关系管理。因为赢得客户的根本还是不断改进产品和服务质量，为客户提供切中需求的解决方案。只是一味地用华而不实的联谊活动维护客户关系，却不肯下功夫满足客户的真实需求，并非提高客户满意度的正确做法。

二、提高客户满意度的要点

《华为基本法》明确规定："我们要以服务来定队伍建设的宗旨，把顾客满意度作为衡量一切工作的准绳。若在服务过程中不去推动客户解决维护中的隐患，以种种理由辩解，不管原因在客户，还是我们自己，其结果就是增加了客户对我司产品和服务的不信任，降低了客户满意度。"

"以客户为中心"不是简简单单的一句口号。华为把客户满意度指标作为公司的一级考核指标，然后按照研发、销售、客服、供应链等环节逐层分解考核指标，分解到地区部、大 T 系统部、一线代表处和办事处。

与此同时，华为每年都会分层分级开展客户满意度调查和评估，严格检验一线营销团队是否让客户满意。除了请第三方公司做全球调查外，华为还有自己业务团队评估业务满意度。第三方客户满意度调查一年一次，业务满意度评估一季度一次。而且，华为在每个项目结束后都会调查客户满意度。

那么，营销人员怎样才能有效提升客户满意度呢？客户的满意度是一个主观的感受，取决于客户对产品或服务的体验感受及其与用前期望之间的比较。当客户感知大于客户期望时，客户满意度就是正值。当客户感知小于客户期望时，你就别指望他还能对产品满意了。

由此可见，要想提升客户满意度，就必须考虑三个重要因素。

● 客户对产品或服务的期望。

● 产品或服务的实际表现。

● 产品或服务表现与客户期望的差距。

所以，客户满意度管理也可以划分为客户期望管理和客户感知管理两大方向。

1. 客户期望管理的要点

● 正确理解客户期望。

● 引导客户期望。

我们先要充分理解客户的需求及痛点，正确理解客户期望，弄清客户想要什么样的解决方案。在营销实践中，客户的期望往往容易偏高。要想满足客户期望，势必要耗费更多的资源和时间。这常常是不必要的。

为此，营销人员要主动去引导客户期望，以客户的真实需求和双方的目标为基础，对客户期望做合理的降低或提升，使之能达到双方的利益平衡点。这个利益平衡点既能让客户取得竞争优势，保障其业务正常运营和健康增长，又不至于造成双方的资源浪费。找到它，你客户的满意度就提升了。

2. 客户感知管理的要点

客户感知管理也是不可忽视的环节。其要点有如下两个。

● 做好各环节工作。

● 及时有效的客户沟通。

许多营销人员在工作中常遇到以下困惑：

● "交付的 KPI 明明达到了合同要求，为什么客户还会投诉我？"

● "明明是友商的设备导致的问题，为何客户依然将不满的矛头指向我们？"

● "为什么平时感觉中基层客户都挺满意的，公司领导却经常收到高层客户的投诉？"

是啊，明明自己所有工作似乎都按公司要求做好了，为什么客户还是不满意呢？其实，这些问题产生的根源是营销团队没有做好客户感知管理。简单来说，就是你以为客户能感知到的东西，客户还没真正体会到。如果我们能及时跟客户有效沟通，让对方获得良好而直观的感知体验，就能从源头上杜绝这些问题了。

营销团队要做到快速响应客户需求，解决客户产品或技术、工程、服务等实际问题，但不能只是埋头苦干，还要学会主动沟通，把客户的一切疑虑和困惑消灭在萌芽状态。因为客户可能只看到了结果，没有看到你解决问题的过程。你如果不及时说明，他可能会对你及产品感到失望。

我们要注意在处理问题之前就开始及时与客户沟通，在处理问题过程中与处理完毕后，也要随时与客户保持积极联络。总之，不能长时间对客户置之不理。

在沟通过程中，客户不可避免地会产生焦虑、抱怨、不满、愤怒等负面情绪，说一些气话，甚至做一些激动的事。但营销人员一定要将心比心，充分理解客户感知不佳造成的烦恼，保持冷静、友好的沟通态度。唯有如此，才能迅速安抚客户情绪，解决客户的实际问题。这种能主动承担责任的服务精神，是提升客户满意度不可缺少的必备素质。

自我检查

根据下面的内容做个小测试，符合情况的就在后面的括号里打"√"，不符合的就打"×"。每个"√"得1分，每个"×"得0分。得分越高，说明你在这方面做得越好；反之，则说明你需要改进的方面越多。

（1）你平时注意维护普遍客户关系。（ ）

（2）你做到了说服关键客户决定跟你合作。（ ）

（3）你为公司的组织客户关系管理做出过较大的贡献。（ ）

（4）你在服务客户的过程中做到了"以客户为中心"。（ ）

（5）你能正确地理解客户对产品或服务的期望。（ ）

（6）你能主动引导客户期望，以免他对公司的产品有不切实际的要求。（ ）

（7）你能改变客户对产品或服务的负面印象。（　　）

注：总分 0～1 分为不及格，2～3 分为及格，4～5 分为良好，6～7 分为优秀。

华为"五环十四招"营销法

华为的"五环十四招"分别指什么？

营销界有一个 4P 营销理论（The Marketing Theory of 4Ps），从 20 世纪 60 年代开始流传至今。该理论将营销视为产品（Product）、价格（Price）、渠道（Place）、促销（Promotion）的组合。华为的"五环十四招"发展了 4P 营销理论，其中"五环"是在 4P 的基础上加上一个 Plan（计划）构成的，而"十四招"则是由"五环"衍生出来的具体做法。

（一）Plan（计划）环

计划环包含了三招营销方法。

第一招：市场规划。

市场规划就是制定销售战略。华为有很多种产品，但无论卖哪一种产品，都要有全国一盘棋的销售战略，需要在市场规划中明确在什么地方率先突破，在什么地方建样板点，以及估算市场空间大小。

第二招：项目策划。

项目策划是针对具体项目的销售方法，要确定项目的预期目标、需要何种资源配置、具体怎样推动项目，并做好相应的工作计划。

第三招：销售预测。

销售预测也是非常重要的。因为公司既需要确保及时供货，又要极力避免大量积压库存，导致成本上升。要想解决这二者之间的矛盾，离不开准确的销售预测。而且，后端部门也要根据销售预测准备物料，制订供应链计划。

（二）Product（产品）环

产品环包含了三招营销方法。

第一招：产品包装。

产品包装不光是产品的外包装，还涉及一系列的宣传材料。其中，最核心的材料是一套介绍产品核心卖点、对用户的核心价值、与竞争性方案相比的优势等内容的PPT，华为内部称之为"主打胶片"。"主打胶片"要不断完善、精益求精。华为要求所有的营销人员都能讲"主打胶片"，让客户能迅速了解产品、服务和公司对自己有什么价值。

第二招：产品营销。

产品营销是新产品开拓市场的核心任务，具体的销售方法在前面的章节中已有所提及，在此不再赘述。

第三招：销售项目需求承诺管理。

销售项目需求承诺管理，顾名思义，就是对客户所提的需求进行管理。因为华为的客户经常会有特定的需求，所以营销人员要主动管理，做好销售服务工作，对于公司能满足的需求，对客户做出言出必行的承诺。

（三）Price（价格）环

价格环包含了三招营销方法。

第一招：价格管理。

华为有很多项目都是竞争性定价，每一单的价格都可能不一样。价格管理都是由销售主体——各个区域管控的，其目的是找到产品销售竞争性和利润之间的平衡点。由于市场竞争非常激烈，区域往往倾向于向客户报低价，向上级申请特价，再报请上级管理层审批。由于上级未必了解实际情况，有可能会批准特价，从而减少公司获利。所以华为是由产品行销部来进行价格授权，这样价格就更贴近市场的实际情况。

第二招：项目投标管理。

项目投标管理主要指组织编写招投标所需的一系列材料。这项工作通常由产品行销部负责，因为其对特定的产品比较熟悉，比客户经理更专业，写成的材料也能够更好地循环利用。

第三招：创新商业模式。

创新商业模式在针对企业的销售中偶尔会出现。有些客户对华为的某项新业务不够清楚时，就可能会采用让厂商承担风险、运营结果分成等新方式达成交易。另一种情况是，华为对卖产品所得的利润不太满意，于是希望通过商业模式创新来消除销售障碍，获取更多的利润。

（四）Place（渠道）环

渠道环包含了三招营销方法。

第一招：聚焦价值客户。

每一种产品在全国或全球的销售，都不可能是均匀分布的。因为客户本身千差万别，要注意具体问题具体分析。有些客户作风激进，喜欢尝鲜；有些客户则作风保守，不愿意尝试创新；有些客户只能跟公司达成一些简单交易；有些客户则是公司重要的战略合作伙伴，对公司发展影响很大；

有示范性客户，也有要打击竞争对手的客户。对于不同的客户要采取不同的营销策略，特别是要把资源和精力聚焦在价值高的客户身上。

第二招：销售线索和商机管理。

销售线索对于公司来说是至关重要的，因为每一单成功的交易，都是以一条销售线索为起点的。能否把销售线索转化为真正的商机，离不开营销管理。华为 LTC 的销售流程，针对的就是从销售线索到现金的观察管理（关于 LTC，我们将在第四章重点介绍）。

要想抓销售，首先要抓住销售线索管理。怎么获取尽量多的线索、增加线索转化率就是销售的核心问题。管理销售线索还要注意防止对手暗箱操作，及时获取用户准备采购的信息等。营销人员要经常拜访客户，坚持记录"我情、行情、客情和敌情"，从中发现销售线索。此外，如果这个销售线索一时还不能转化为你的订单，你就应该把线索贡献出来，分配给其他人去引导客户，达成订单。这才符合华为倡导的团队精神。

第三招：市场份额管理。

市场份额管理的第一步是先在目标市场中取得突破。一旦有所突破，就要求客户不断提升自家位置和产品占比，然后攻打山头项目，与竞争对手决战制高点，从而增加市场份额。市场份额管理是监测市场动向变化和巩固公司市场优势的必然之举。

（五）Promotion（促销）环

促销环包含了两招营销方法。

第一招：区域品牌营销活动。

为了推广产品，很多企业都会组织各种各样的营销活动。华为营销人员一方面会参加客户的营销活动，以增进与客户的关系，另一方面也会在区域内组织自家的营销活动,让客户知晓公司的产品,扩大公司的品牌影响力。

第二招:五大关键营销活动。

华为的五大关键营销活动,被公司内部命名为"一五一工程"。至于"一五一工程",本书将在下一节中做详细介绍。

总之,华为的"五环十四招"营销法把营销套路分解到可操作、可考核的层面,指导性和实用性很强,帮助华为营销团队在电信设备销售行业屡战屡捷。以上这些营销方法在华为营销方法中只是一部分工具,运用之妙存乎一心。

自我检查

根据下面的内容做个小测试,符合情况的就在后面的括号里打"√",不符合的就打"×"。每个"√"得1分,每个"×"得0分。得分越高,说明你在这方面做得越好;反之,则说明你需要改进的方面越多。

(1)你了解"五环十四招"的内涵。( )

(2)你能独立完成一份详细的市场规划和项目规划。( )

(3)你能对某一种产品做出比较准确的销售预测。( )

(4)你能独立制作出一份精彩的产品宣传PPT。( )

(5)你用PPT展示产品的效果能令客户满意。( )

(6)你有意识地搜集和管理销售线索。( )

(7)你能组织一场吸引客户的促销活动。( )

注:总分0~1分为不及格,2~3分为及格,4~5分为良好,6~7分为优秀。

排除客户顾虑的"一五一工程"

"一五一工程",是华为最基本的一种销售方法。

任何能长久成功的营销,都离不开成熟的流程方法。如果单纯依靠少数销售精英的个人经验做事,就不会成就现在的华为。早在20世纪90年代后期,华为就不断总结销售经验,形成了一套行之有效的销售方法——"一五一工程"。

"一五一工程"是一套以轻量级销售流程为核心的销售方法,是华为销售电信设备的一个最基本的利器。"一五一工程"的第一个"一"是指"一支队伍",后一个"一"是指"一个资料库",中间的"五"是指五大销售动作:参观公司、参观样板点、现场会、技术交流、高层拜访。

这些内容看似普通,却让华为营销人员能迅速抓住工作重点,一步一步地排除客户的顾虑,让对方能信任华为团队及华为产品。

在"一五一工程"中,最关键的就是五大销售动作。我们接下来逐一拆解它们。

1. 参观公司

邀请客户参观公司是华为营销人员最常用的营销方法之一。华为客户工程部是专门接待客户的部门。为了更好地衔接工作，一线的营销人员会在工作联络单中写清楚客户状况与接待要求。当客户被邀请到公司参观时，客户工程部就能有序安排客户接待任务了。

在一般情况下，华为会在客户接待中安排技术交流、展厅参观等活动。许多公司也是这样做的，但华为在这方面几乎做到细致，从而形成了比对手更强大的竞争力。

案 例 回 放

　　1999 年的华为在财力、物力上远不如今天那么雄厚，但对客户接待工作非常重视。每一个销售人员入职后，都要在客户工程部实习一到两个星期，跟着老员工接待一两批客户。其要学习的内容主要有如下几方面。

　　（1）给客户定酒店。

　　（2）安排宴会招待。

　　（3）带客户到旅游景点旅游。

　　（4）带客户参观公司展厅并为其讲解产品。

　　其中，展厅讲解过关考试是每个新员工的必经之路，这项考试能让销售人员迅速地掌握公司产品的基本情况。

　　华为在接待客户的细节上精益求精。当时，公司将奔驰车用作接待客户的礼宾车。司机被称为"礼宾车司机"。这些司机形象阳刚、仪态优美，身着公司定制的高档西装，戴着白手套，让客户感到备受尊重。

为了确保各环节衔接流畅，华为邀请客户经理在陪客户走出餐厅时，会提前拨打一下礼宾车司机的手机。礼宾车司机不用接通，听到响铃就把汽车缓缓开到门口。这样一来，当客户走到门口时，礼宾车已经停好了，司机下车给客户开门。这一套流程下来，客户会感到华为的工作人员非常专业，从而更加信任华为的品牌和产品。

2. 参观样板点

带客户参观公司展厅，为客户展示的是没有安装在实际网络上的设备。你只是让客户知道公司有什么样的设备，而没法证明这些设备的可用性与可靠性。客户有可能依然对产品心存顾虑。为此，华为在1997年在接入网产品线创造了一个新的销售展示方法——带客户参观样板点。

这种办法主要用于推广新产品，展示新场景下的产品。当新产品开始销售之后，就要被安装到现网上。接着，华为营销团队会立刻布置建立样板点的任务。具体来说，就是装修样板点房间和准备样板点讲解材料等。如果新产品要在多个地区、多个场景推广，就要在相关地区及场景建立多个样板点。这样，客户经理就能邀请客户去样板点参访、交流。

这个办法的成本不高，操作简单，便于推广，也展示了华为的技术能力，效果很好。所以，华为很快把参观样板点列为全公司通用的五大销售动作之一。

3. 现场会

开现场会是华为公司拓展市场的规定销售动作。华为在推广重大项目时，会要求各地客户经理邀请客户参加现场会。这个方法是为了提高传播的信息强度，增加成交的成功率。因为传播的信息强度不够，就不足以让客户确信华为产品的竞争力。

案 例 回 放

IPTV（通过电信宽带网络播放电视节目）是非常难推广的业务。各地运营商都谈之色变，不愿意推广这个业务。但是，华为成都代表处在 2014 年，成功帮助电信公司把 IPTV 的业务推广了起来。

他们是怎样做到的呢？其中最宝贵的经验就是，华为成都代表处在 2014 年秋季开了一个有关 IPTV 业务的现场会。现场会的展示内容相当丰富，由电信运营商出面宣传，华为派业务推广人员和技术人员在现场进行讲解，并现场演示 IPTV 业务，还制作和播放了许多视频资料，让产品宣传变得生动、鲜活且真实、可信。于是更多的客户知道了 IPTV 业务，华为也通过这种方式强化了与客户的合作关系。

4. 技术交流会

技术交流会是美国公司发明的一种推销方式。在科技企业（特别是电信设备行业的企业）中，技术交流会是推广产品必不可少的重要环节。因为电信设备光看外形是无法体现技术实力的，需要通过技术交流、测试等方式来验证其性能，进而在行业中树立新产品、新业务的口碑。

华为历来非常重视技术交流会，总是把产品卖点梳理得相当清晰。技术交流的重点是产品对顾客独特的价值阐述、产品展示及性能测试、成功案例介绍等。相关材料要千锤百炼，务求能让客户眼前一亮。为了做好技术交流，华为公司部门内部经常培训，让各团队进行比武和练兵。

搞技术交流离不开两条线并肩作战。一条是客户线，主要负责客户关系管理；另一条是产品行销部，主要负责产品拓展。两条线不是孤立的，在推广新产品或新业务时必须密切协同配合。

比如，某地的华为团队，客户经理负责维护电信、联通、移动等公司的客户关系，产品行销部负责推广移动基站、传输设备、固定网络。假设当地的电信公司打算购买华为的基站，产品行销部要派出专人和客户经理组成一个项目组，共同负责与电信公司的技术交流，各尽所能地打动客户。

5. 高层拜访

每个营销人员都想尽量见到客户公司的高层，因为拜访的客户级别越高，拿到项目的可能性就越大。而且规模越大的项目，决策者的层级也会越高。所以，必须找到那个真正有决策权的人进行谈判，才能促成交易。为此，华为对客户经理的考核指标中包含了能够见到客户高层，以及面见客户高层的次数。

拜访用户的高层人物对大型项目显然非常重要，但高层不是那么容易见到的，因为合作双方在销售中存在职务对等问题。所以，华为的五大销售动作中包括了让华为高层出面拜访用户方的高层。

华为公司在 1998 年已有近万名员工，销售额达到了 89 亿元，但订单主要来自边缘区域，想进入中心区域并不容易。那时候，华为的客户经理依然很难见到省级运营商高层领导。所以，往往会由客户经理来安排华为领导见客户高层的领导。华为公司把这个销售动作变成了一个有半强制性质的程序化销售步骤，并纳入了绩效考核。

有了经验丰富的公司领导参与，项目营销的可控性大大增强，能调动的营销资源也更多。这个做法激励了广大客户经理，并有力地支持了重大项目的推广。

总之，华为通过"一五一工程"，让营销活动形成了最基本的高效流程，显著提升了销售效率。上述五大销售动作不是五种死板的方法，其精髓是通过信息传播价值来建立客户对华为的信任。客户需要的价值无非是产品及方案的可行性、经济性、性价比等。"一五一工程"通过组织种种活动，创造出更多与客户的接触点，让客户接收到饱满的信息，感受到华为人的合作诚意，从而打消对公司及其产品的一切顾虑。

俗话说："戏法人人会变，各有巧妙不同。"诞生于20世纪90年代后期的华为"一五一工程"并不难学，但同样的方法，华为营销团队会运用饱和攻击的方式将营销做到极致，也就是在这些环节中投入更多人力和营销费用，集中火力"砸开一个口子"，从而确立对竞争对手的优势。

自我检查

根据下面的内容做个小测试，符合情况的就在后面的括号里打"√"，不符合的就打"×"。每个"√"得1分，每个"×"得0分。得分越高，说明你在这方面做得越好；反之，则说明你需要改进的方面越多。

（1）你在公司展厅讲解中得到过客户和同事的好评。（　）

（2）你在带领客户参观样板点的时候促成过交易。（　）

（3）你参与组织过现场会，并在现场会中跟客户达成交易。（　）

（4）你参与组织过技术交流会，并在会上跟客户达成交易。（ ）

（5）你促成公司高层拜访客户高层达到过5次。（ ）

（6）你能根据不同的营销场景来灵活运用不同的销售方法。（ ）

（7）你对每一个客户都建立了一个资料库。（ ）

注：总分0～1分为不及格，2～3分为及格，4～5分为良好，6～7分为优秀。

知识拓展：华为营销人员工具箱之二

一、怎样获得客户的真实想法

客户关系是营销的基础，要想获得客户的真实想法，首先要有扎实的客户关系做支撑，客户在决策链中的重要性越高，其真实想法就越重要。华为营销人员通过"三分析二验证"来逼近客户的真实想法。

（一）"三分析"的具体内容

1. 分析客户顾虑

可以通过假设类的问题，引导客户说出假如与我们合作后可能会出现的一些风险和问题，提前了解客户的顾虑和担忧。比如，如果排除成本的考虑，您觉得还有哪些方面是您比较关注的？系统上线后，您认为会遇到什么挑战？也可以用极限类的提问，如询问客户对现在的某业务最喜欢哪一点，最不喜欢哪一点。

2. 分析客户意图

客户有时不直接发表对项目的想法或态度，可以通过引用第三方案例来引导客户说出自己的想法。如果客户有类似的情况或者痛点，就会对第三方案例做出点评，从而折射出客户的真实想法。

3. 分析关键客户行为

比如，客户对你提供的方案疑问是多还是少？客户肯不肯花时间讨论你的方案？客户讨论的范围是宽还是窄，是深还是浅？客户愿不愿意为你引荐高层？客户是不是反复与你讨论价格？客户对其他厂商的评价是什么？关键客户的这些行为其实都反映了他对你项目的态度。

（二）"两验证"的具体内容

1. 多渠道交叉验证

如果客户关系不能支撑我们直接获取真实想法和态度，可以通过客户身边的人员间接获取客户的想法，也可以通过和周边部门的交流来获得客户想法的相关信息。

2. 复盘验证

每次项目结束或者取得阶段性进展时，都要对客户之前传达的想法进行校验、复盘，并做好记录，以支撑后续的判断。

二、怎样开销售项目分析会

销售项目分析会主要分为两种：例行销售项目分析会、临时销售项目分析会。

例行销售项目分析会通常为周例会或月度例会，在项目冲刺阶段可视情况调整为日例会。

在发生重大变化，影响项目策略落实、计划执行时，应该立即召开临时销售项目分析会。这些重大变化主要包括以下六方面。

● 行业政策发生重大变化。

- 客户需求发生重大变化。

- 客户决策链发生重大变化。

- 竞争对手发生重大变化。

- 自身产品设计方案发生重大变化。

- 自身要求发生重大变化。

参加销售项目分析会的人员包括：项目组核心成员、相关议题相关人员。涉及客户关系分析时采用最小参与范围原则。销售项目分析会的主要内容见表2-1。

表2-1　项目分析会的内容

项目名称：		项目标的：		
项目组主要成员：		项目预算：		
项目目标：				
项目进展阶段：		预签时间：		
项目进展及前期计划执行情况				
项目变化、对手变化以及相应的策略 调整、修正				
下阶段工作计划	任务	完成时间		责任人
困难与求助				

三、怎样深入理解客户的招标规则

招标规则要体现客户的业务痛点、先进的技术要求、合理的商务诉求，所以我们在招标前就要深入理解客户的招标规则，并进行沟通引导，而不是等到客户发标后才被动响应。项目80%的成功在于招标规则引导。招标规则的引导要基于对客户需求和痛点的深刻理解，以及良好的客户关系。招标规则理解与牵引有以下四个维度。

1. **招标模式**

（1）议标：对需要技术对接、工程进度紧急等的项目，可以引导客户进行议标。

（2）框架协议：对于优势的成熟产品，可以推动框架协议，分批下单实施，提升份额，保障合同质量。

2. **供应商资质选择**

（1）厂商资质：当参与方众多时，为了保障客户的交付质量和交付周期，可以引导客户进行严格的资格预审，通过设置资质门槛来屏蔽不具备资质的低价厂商。

（2）产品资质：在技术要求高的产品招标中，可以引导客户要求厂商提供严格的产品应用情况和相关资质认证。

3. **评分规则**

（1）产品与解决方案：基于客户的业务特点和需求，引导打分表中技术、商务和服务等打分项的权重。

（2）品牌：技术门槛低的产品招标，引导客户注重供应商的综合实力考核，从而拉开公司与其他厂家的差距。

4. **技术指标参数符合度**

基于行业技术发展趋势，引导客户把相关指标写入技术标书中。

四、怎样设立销售项目的目标

1. 销售项目目标设立需考虑的五大因素

（1）客户预算。

（2）产品适配。

（3）竞争形势。

（4）市场格局。

（5）组织能力。

2. 依照 SMART 原则设立目标

（1）Specific（具体的），不能是抽象的指标或数字。

（2）Measurable（可衡量的），可以量化或细化。

（3）Attainable（可达到的），需要注意现实目标和挑战目标的平衡。

（4）Relevant（相关联的），比如，战略目标和具体目标的关联、销售目标和市场目标的关联、利润目标和份额目标的关联、客户关系目标和竞争目标的关联，等等。

（5）Time-bound（有明确完成时间）。

五、竞争对手抛低价的应对策略

在项目竞争中，如果竞争对手抛出远低于公司的价格，我们就要有针对性地采取组合策略来应对，而不是直接和对手比拼价格，两败俱伤。简单来说，就是做到"三看一定"。其中，"三看"是看客户、看自身、看对手，"一定"是定策略。

1. 看客户：了解客户最关心的要素并对其进行排序

通常，针对以下几方面，看客户最关心的是什么要素，然后进行排序。

- 产品和方案的可靠性。

- 售后服务。

- 技术先进性。

- 供应商的品牌。

- 价格。

2. 看自身：了解公司的目标和优劣势

这一步主要是检查公司的项目准备工作做得怎样。

- 公司在这个项目中有哪些优势。

- 公司在这个项目中有哪些短板。

- 公司在这个项目中的目标是什么。

- 公司的客户关系支撑如何。

3. 看对手：了解对方降价的底层逻辑

当对手的方案比我们的有价格竞争优势时，我们不能盲目地拼价格战，而要冷静分析对手选择降价策略的根本原因是什么。其降价的底层逻辑可能有以下几种情况。

- 对手产品低价低质。

- 对手质量尚可，但成本比你公司低。

- 对手解决方案简配。

- 对手采取了更加合理的低成本解决方案。

- 对手恶意低价竞争，打击你公司的利润。

- 对手力争市场突破。

4. 定策略

定策略需要考虑以下八方面的内容。

● 引导客户从项目生命周期的角度，综合考虑投资成本和运营成本的构成最优。

● 针对客户痛点，呈现我方方案的综合价值。

● 引导客户提高技术门槛。

● 引导降低商务条款在评标打分表中的比重。

● 提供附加价值（培训、售后服务、品牌等）。

● 提供长期合作价值。

● 提供更低成本的解决方案。

● 组合销售。

六、客户要求降价的应对策略

一线营销人员经常遇到一种情况——眼看要成交了，客户却要求降价。

回想一下，当客户向你提出降价要求时，你的第一反应是什么？是在核算自己的成本看看还有多大降价空间，还是思考着如何向公司申请商务条款？这些都不是好办法。

你身为职业的一线营销人员，首先要思考的是：客户为什么要求降价？客户要求降价的真正想法是什么？

只有明确了客户真正的想法，我们才能做出正确的应对措施。因此，当客户提出降价要求时，我们首先要做的是对客户要求降价的根本原因做出正确判断，而不是思考怎么降价。下面是客户要求降价的五个常见场景分析及对策。

1. 客户还在担心风险和收益

风险和收益与成本是强相关的。这是许多客户喜欢在决策前砍价的重要原因。在这种场景下，我们可以引导客户考虑成本之外的因素，如我方成功的商业案例、可靠的质量保障、良好的售后服务等，从而打消客户对风险的顾虑。

2. 其他对手抛出更低的报价

在这种场景下，我们要尽快查明到底是谁抛出了低价，然后找出对手的弱点，让客户意识到跟对手合作的风险。

3. 超出客户预算

在这种场景下，首先要摸清客户的真实预算，可以在不影响满足客户标书要求的条件下，调整我方的解决方案，降低成本，调整到符合客户预算的价格。

4. 客户组织绩效要求

客户并不真心认为我们价格高，要求降价是为了满足组织绩效要求，显示其在谈判中的能力，以获得更高层主管的认可。在这种场景下，我们可通过更加灵活的方式，如适当增加培训名额、延长维修与保养时间等，而不是直接降价。这些做法同样也能满足客户需求。

5. 客户只是随口一说

在这种场景下，有经验的营销人员比较容易做出判断。我们只要坚持不降价，加强客户关系运作，反复几个来回，就可以了解客户不是真的想降价。

总之，客户的降价要求并不可怕，关键是我们要保持清醒，不能被客户牵着鼻子走。即使最后不得不降价，也不能随意答应客户降价。否则，客户可能会怀疑我们的报价水分太多，会进一步提出降价要求。我们一定要向客户强调：我们降价是通过严格核算、审批流程争取下来的。

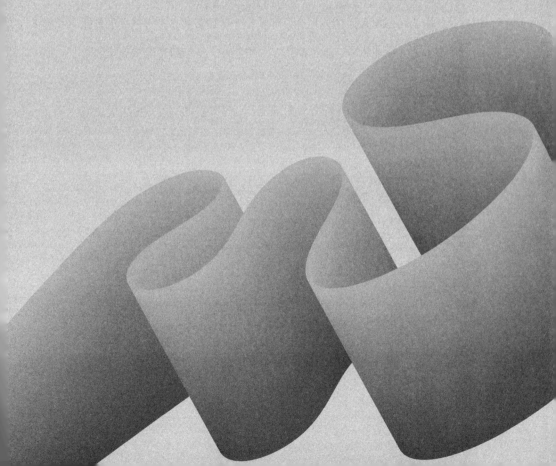

第三章

▼

优秀营销人员
的自我提升

一个华为人的职业行为规范

华为对员工的一些基本职业行为规范要求。

身为营销人员，你的一言一行、一举一动都代表公司的形象。客户会根据对你的第一印象来评估公司是否可靠，产品和服务是否可信。如果你的言行举止缺乏职业素养，就会遭到客户的差评，从而断送即将到手的营销机会。

为此，华为总结了以下职业行为规范，通过外在的制度规范来促使每个员工养成良好的职业习惯。

1. 仪表得体

良好的仪表是职业形象的具体体现。我们无法决定我们的长相，但可以决定自己的仪表、仪容和仪态是否足够得体。

（1）精神面貌。保持健康积极的心态，做到自尊、自信、自爱、自重，举止文雅大方、稳健庄重。

（2）工卡。在公司、办事处及华为公司其他办公地点时，应当佩戴工卡。男士的工卡应端正地戴在外套的左胸前，女士的工卡则用链条挂在胸前。

（3）衣着。衣着要得体、大方、整洁，具体要求如下。

● 男士在上班期间应穿西服、打领带，装扮整齐。女士在上班期间应穿套装，化淡妆。

● 不弄怪异发型，头发不染奇异颜色，保持大方得体的发型。

● 办公环境内禁止男士穿短裤、背心和拖鞋。办公环境内禁止女士穿无袖衣裙、超短裙裤和拖鞋。

（4）言谈举止。言谈举止要自然得体、落落大方，具体要求如下。

● 语气和言辞要适宜具体的场合，表达简单明了、通俗易懂。

● 讨论工作问题时，应坦诚地发表自己的见解，就事论事，不得随意议论、攻击他人。

● 交谈时切勿东张西望，注意力集中是对他人尊重的表现。

● 不得出口成"脏"。

● 在公共场所应语言温和、平静，注意不影响他人，不大声喧哗。

● 不在禁烟区吸烟，不乱扔烟头。

2. 引见礼仪

引见也是重要的商务礼仪环节。引见顺序应遵守以下两个原则。

（1）把男士介绍给女士，把职位低者介绍给职位高者，把晚辈介绍给长辈，把未婚者介绍给已婚者。

（2）按照先女士，后男士；先职位高者，后职位低者；先长辈，后晚辈；先已婚者，后未婚者的顺序来一一介绍。

3. 握手礼仪

（1）基本原则：男士见女士、晚辈见长辈、学生见老师、下级见上级、客人见主人时，前者应当先行问候，待后者伸出手之后，再上前握手。

（2）具体细节：

● 握手时要用眼睛注视对方，面带微笑，挺直腰身，仪态自然。

● 见到长者或身份较高者时，注意上身略为前倾，头要微低一些。

● 与女士握手时，请握对方的手指，不要过分用力握手。

● 遇到身份较高者或最受人们尊重的人，才以捧接的方式握手。

（3）握手禁忌：

● 戴着帽子和手套跟他人握手。

● 在衣冠不整、手指邋遢的情况下跟他人握手。

● 用力握住异性的手久久不松开。

● 用左手去跟他人握手。

● 交叉握手。

● 握手时东张西望。

4. 接收名片

（1）接收他人名片时，应当用双手捧接以示恭敬，并表示感谢。

（2）接过对方的名片后，一定要仔细看一遍，请教不明白之处。

（3）不可随手把对方名片扔在一边，应该暂时将对方的名片放在办公桌、写字台或茶几上，不要在名片上面压别的东西。

（4）主动索要对方名片时应该用请求的口吻说："如果没有什么不便的话，能否请您留张名片给我？"

5. 接待规范

● 平时要保持整洁、干净的工作环境。

● 事先准备好茶、饮料、热水和干净的茶杯。

● 请客人坐上座，主人坐在一旁陪同，倒茶时不能太满，以茶水到杯的六七成高为宜。

● 接待首次来访的客人时，应主动带客人参观办事处的办公场所，并细心讲解。

● 客人离开办事处时，必须起身热情相送。

6. 谈话礼仪

谈话时应当选择双方喜闻乐见的话题，同时注意回避某些不宜交谈的话题，比如：

● 个人的私生活。

● 他人的工资、奖金、股金。

● 他人的工作岗位需保密的信息。

● 令人不快的事物。

● 有关他人短长的话题。

● 自己不熟悉的话题。

良好的交谈不能只会"说"，还要会"听"，具体做法是：

● 认真而专注地倾听对方的发言。

● 对他人的发言做出积极反应。

● 倾听时注意注视对方，不可眼神游离。

● 不可随意插话，必要时应当礼貌地确认："我是否可以这样理解……"

● 多用鼓励和认可的肢体语言，如有不同意见，等对方发言结束后再发表自己的看法。

7. 电话礼仪

（1）打电话的礼仪：

● 给客户打电话时，应主动告知自己的姓名或需要找什么人。

● 不要在别人休息或用餐时打电话，如果必须通话，应先说："请原谅，打扰了您的休息。"

● 打电话前应确认对方的号码无误，万一拨错号，应表示歉意。

（2）接电话的礼仪：

● 电话铃响三声内应立即接听，铃响三声后才接电话，应先说"对不起"。

● 接听电话时应主动向对方问好，报上自己的单位和姓名。

● 如果自己不是对方要找的人，应礼貌地说"请您稍等"，并立即转告相关人员，或者记录一下对方的姓名、单位和电话号码，事后转告相关人员。

● 由客户先结束谈话、挂断电话。

8. 乘车礼仪

我们应当首先为客人打开轿车的右侧后门，并以手指示车篷上框，提醒客人注意不要碰到头。抵达目的地后，主人应首先下车，并绕过去为客人打开车门，以手挡住车篷上框，协助客人下车。

9. 住宿礼仪

● 应尊重服务员的劳动，并表示感谢。

● 言谈举止要文明有礼。

● 保持室内卫生。

● 不要穿睡衣、拖鞋、背心或裤衩到走廊等公共场所乱逛。

● 听广播、看电视时声音要小，不要影响他人。

● 住宾馆时要认真阅读酒店的住宿指南及相关资料，不要随便麻烦服务员。

10. 餐饮礼仪

● 事先了解对方餐饮习俗。

● 敬酒要双手捧起酒杯，以稳重、热情、大方的姿态敬人。

● 向对方微微点头行礼。

● 不宜饮酒过量，不劝酒。

11. 谈判礼仪

● 首先了解对方谈判人员的情况，根据身份对等、人员相当的原则安排谈判。

● 谈判场所的布置要庄重整洁，会场的桌子宜选用圆桌或椭圆桌，以表示谈判双方是对等交流。

● 谈判的座次要按照身份依次排列，桌上要放上写有谈判人员名字的台牌。

● 当客人进入谈判厅时，我们的谈判代表应与对方谈判成员一一握手，并请客人首先入座，或双方一起入座。

12. 保密原则

保守商业机密是维护公司利益的重要举措，也是一个营销人员必备的职业操守。华为对营销人员的保密要求主要有以下一些方面。

● 出差时不准携带有明显华为标识的物品（如华为手提袋等），以免引起竞争对手的注意。

● 不准在电梯、宾馆、汽车、火车、飞机等公共场合大谈工作内容。

● 不准在公司其他无关人员面前讨论公司机密。

● 不准随意摆放公司的文档、项目资料，特别是不得在办公桌上堆放公司的机密资料。

● 出差住宿时，要注意附近是否有友商、客户，不得在酒店的商务中心打印机密的材料。

● 在电话中不得随意交流市场（客户）关系、工作方法、商务等。

● 同事之间不得互相打听公司机密，也不能打听与自己工作无关的事情。

● 不准给客户发送未经公司审核的资料信息。

● 不在宾馆房间时，要注意妥善保存公司资料，便携机要加密码，以防机密被盗。

● 在未确定来电方的身份前，不要在电话中透露公司相关信息。

● 在向客户介绍公司时要把握好内容尺度，不要把公司的内部资料发给客户。

自我检查

根据下面的内容做个小测试，符合情况的就在后面的括号里打"√"，不符合的就打"×"。每个"√"得1分，每个"×"得0分。得分越高，说明你在这方面做得越好；反之，则说明你需要改进的方面越多。

（1）你的衣着打扮、工卡佩戴情况符合公司要求。（　）

（2）你在引见客户或领导时，遵循了约定俗成的引见顺序。（　）

（3）你在与客户握手和接收名片时遵循了基本礼仪。（　）

（4）你在接待客户时达到了公司要求。（　）

（5）你在接打电话时做到了礼貌得体。（　）

（6）你在酒席、乘车、住宿等环节展示了良好的礼仪修养。（　）

（7）你严格贯彻了公司的保密规定。（　）

注：总分 0 ～ 1 分为不及格，2 ～ 3 分为及格，4 ～ 5 分为良好，6 ～ 7 分为优秀。

树立良好的个人品牌形象

打造个人品牌形象的要点。

要想成为一名优秀的营销人员，30% 在于专业技能，70% 在于为人处世。为人处世换个说法，就是树立自己的个人品牌形象。产品靠品牌力赢得美誉，企业靠品牌力赢得市场，个人靠品牌力赢得客户。

一个人的品牌形象反映了其身份、职业、爱好、性格、文化素养、审美品位，会直接影响他人对你的判断。更何况，客户是通过你来了解公司的。在他们眼中，你的个人品牌形象在很大程度上代表华为的形象、品牌和文化。

那么，良好的个人品牌形象是什么样的呢？

一、心怀理想的"三有"人才

曾国藩认为一个人才必须具备三个素质：有志、有识和有恒。有志就是怀有远大志向，有识就是学问见识不凡，有恒就是做事能坚持到底。这也是华为集团对优秀人才的看法。其中有志位居"三有"之首。因为"有志者立长志，无志者常立志"。其中的"长志"，就是理想。

人类的每一个发明，每一次进步，都是由理想变为现实的。理想不是幻想，它可能诞生于天马行空的幻想，但一定是对现实的升华，是需要马上付诸行动来实现的。只有确定了人生目标，才能不被眼前的利益迷惑，所谓"将军赶路，不追小兔"。立志才能立业，立业才能立功。

一个务实的理想主义者，具有令人为之倾倒的人格魅力。因为他有着超乎常人的勇气、耐心、想象力，敢想敢干但不妄想，敢作敢为但不妄为。其理想主义的一面能够鼓舞人心，给人以明确的航向和强大的内驱力。其务实的一面能让人脚踏实地、千锤百炼，以不可阻挡之势一步一步达成目标。

销售工作从不拒绝任何职场背景的人，但前提是你必须是有志者。市场从来都是残酷无比的，但会奖赏有准备、有规划的人。所以，华为要求每一位员工志存高远，做好自己的职业规划，以理想主义精神去完成企业使命。

二、尊重与自重

尊重与自重也是树立个人品牌形象的重要方面。尊重是对他人的能力、地位和人格的认可。任正非多次强调，要培养员工从小事开始关心他人，因为关心他人是尊重他人的表现。一个能设身处地为他人着想、了解他人心里在想些什么的人，必然会得到他人的尊重。

多个朋友多条路，少个对手少堵墙。他人对你的真心尊重，可以反过来强化你的自重。

自重是对自我价值的认可。值得提醒的是，自重不是自以为是。因为自以为是的人不懂得怎样尊重他人。如此一来，他人自然也不会尊重你，反而会看轻你。自重就是既不狂妄自大，也不妄自菲薄，对人、对事能做到不卑不亢。

相互尊重是一切交流的阶梯。如果人人都能做到自重，又能相互尊重，那么社会将变得更和谐。

所以，华为要求员工尊敬父母，帮助兄弟姐妹，对亲人负责，平时关心同事以及周围有困难的人，支持希望工程、寒门学子、烛光计划等社会公益活动。能做到这些的人是懂得自重和尊重他人的人。这样的人值得深交，而且对企业和社会做出的贡献往往也更大。

三、开放自我

花若盛开，蝴蝶自来。你若不开放自我，他人就看不到你的精彩。故步自封会阻碍你的成长，开放自我才能不断完善自我。在华为看来，"肚里有货倒不出"的人才不是真正的人才。因为这类人没开放自我，没法展示才能，也就不能被客户认可，得不到领导的赏识。

懂得开放自我的人会表现出坦荡的胸怀，能够容纳一切，也能够被一切所容纳。他们注重向他人学习，乐于跟他人合作。无论是他们的学习能力还是团队精神，都会让所有与其接触的人感到舒服和欣赏。

华为倡导开放自我，打消员工的本位主义思想，为此设计了"之"字形人才成长模式。"之"字的字形是折线，不局限于"横平竖直"，是一个开放式的字形。华为一直鼓励人才在多个部门和不同市场之间一线流动，学会从全局考量，能从端到端、全流程地考虑问题。这种鼓励开放自我的人才机制，让华为涌现出大批复合型人才。如果你能成为这样的人，客户就会发自内心地认可和信赖你。

四、谦虚

2014年初,任正非在华为市场大会上发表了题为《做谦虚的领导者》的讲话:"有时候必须像姚明一样蹲着说话,也不能证明你不伟大。谦虚来自自信,谦虚来自自身的强大。我认为不谦虚是指颐指气使、趾高气扬、目中无人、盲目自大和自我膨胀等不平等的待人方法,以及不按合同执行的店大欺客行为。销售团队在与客户交流时,一定不能牛气哄哄的,否则我们在沙漠里埋头苦干半天,客户也不一定认同。无论将来我们如何强大,我们谦虚地对待客户、对待供应商、对待竞争对手、对待社会,也包括对待我们自己,这一点永远都不要变。"

华为的态度是决不独占市场,只是争取服务全球的一部分。公司是进取的,也是谦虚的。所以华为要求员工也要有谦虚的品质。谦虚是对他人的理解与包容,能让你被他人所接受。谦虚的营销人员能让客户变为忠实的朋友,让对手黯然失色。

自我检查

根据下面的内容做个小测试,符合情况的就在后面的括号里打"√",不符合的就打"×"。每个"√"得1分,每个"×"得0分。得分越高,说明你在这方面做得越好;反之,则说明你需要改进的方面越多。

(1)你觉得自己是一个理想主义者。( )

(2)你平时做到了尊重客户。( )

(3)你平时做到了尊重同伴。( )

（4）你是一个为人处世不卑不亢的人。（ ）

（5）你是一个具有开放态度的人。（ ）

（6）你在多个部门或岗位工作过，从而学会了以开放思维看问题。（ ）

（7）你在同事和客户眼中是一个谦虚的人。（ ）

注：总分0~1分为不及格，2~3分为及格，4~5分为良好，6~7分为优秀。

选好职业发展通道

华为营销人员的几个职业发展通道。

职业通道是员工个人职业发展与企业发展的结合。职业通道建设足够完善的话，员工就会把公司当成事业共同体，公司也能更好地了解员工的潜能、特长，实现人尽其才的用人目标。

华为倡导人才的多路径成长，发展不设限制，为基层员工设置了双通道发展路径。每一位基层员工都可以选择"基层管理者"和"业务骨干"两大发展通道（图3-1）。基层管理者的成长方向有商业管理者、职能管理者，最高层次是战略领袖。业务骨干的成长方向有项目管理者、业务专家，最高层次是专业领军人。还有一些复合型人才能打通这两个通道，成为思想领袖。

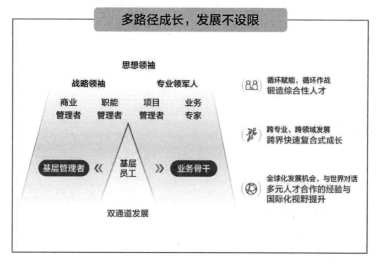

图 3-1　华为员工的两大发展通道

　　具体到营销人员，其职业发展也是这两大路径。走业务路线的人会成为营销专家、高级营销专家、资深营销专家，走管理路线的人会成为监督者、管理者、领导者（高级管理者）。营销人员要想选对自己的职业发展通道，就得了解华为选拔干部的标准和四个主要职业发展通道。

一、"三优先"和"三鼓励"

　　华为选拔干部有"三优先"和"三鼓励"的原则和标准。

　　"三优先"是指：

　　● 优先从优秀团队中选拔干部。

　　● 优先选拔责任结果好、在一线和海外艰苦地区工作的员工进入干部后备队伍培养。

　　● 优先选拔责任结果好、有自我批判精神、有领袖风范的干部担任各级一把手。

"三鼓励"是指：

● 鼓励干部到一线，特别是海外一线和海外艰苦地区工作，奖励向一线倾斜，奖励大幅度向海外艰苦地区倾斜。

● 鼓励专家型人才进入技术和业务专家职业发展通道。

● 鼓励干部向国际化、职业化转变。

华为强调实践是检验真理的标准，坚持从实践中选拔干部。人才的素质不光体现在学历和外在形象上，更多体现在品德和工作能力上。工作能力则体现在责任结果上。公司在提拔干部时先要找员工谈话。如果员工确实有团队管理能力，又有领导担当，就可以将其提拔为干部。

华为把干部分为三种：第一种是有机会去华为大学培训的优秀后备干部，占30%；第二种是会被列入优先裁员名单的后进干部，占20%；第三种是中间水平的干部，占50%。华为通过不断淘汰后进干部，促使干部队伍努力向前，自觉奋斗。

二、四个职业发展通道

（一）国内营销专家

营销人员最常见的职业发展通道是国内营销专家。

任正非强调："现代化作战要训战结合，干部要以基层实践经验为任职资格。要从各级组织中选拔一些敢于坚持原则、善于坚持原则的员工，在行使弹劾、否决权中，有一线成功经验的员工通过后备队的培养、筛选，走上各级管理岗位。"

华为历来重视营销岗位员工的一线实战经验。如果你能做到"爱一行，干一行；干一行，专一行"，严格要求自己，努力完成目标，就有望成为"有一线成功经验的员工"。在此基础上，不光是国内营销专家，另外三个职业发展通道也会十分畅通。

（二）国际营销专家

在华为，国内营销专家（管理者）与国际营销专家（管理者）的职业通道是互通的，国际营销专家与国际营销管理者的职业通道也是互通的，通常是可以相互转换的。华为在选拔赴海外艰苦地区工作的员工时，采用的是自愿填表申请的方式，公司根据该员工的任职资格和业绩表现来决定是否将其派到海外工作。

华为国际营销专家也就是海外客户经理、项目经理。公司对其任职资格的认定十分严格，需要具备以下技能与素养。

1. 精通公司产品并擅长宣讲

海外营销人员直接面对各国客户，必须对公司产品的性能和组合方案了如指掌，能随时随地向客户宣传和推广华为的品牌形象与企业文化。

2. 深谙当地文化

海外营销人员必须对市场所在地的民族文化、风土人情、法律法规和技术环境等烂熟于心。这样才能迅速融入当地市场，建立稳固的根据地。

3. 较强的政府公关能力

华为产品的特殊性决定了海外营销人员必须和当地的政府等公共部门接触，处理公共关系并维持良好的沟通渠道。

4. 出众的环境适应力

海外市场的地理环境和人文环境与国内差异巨大，很容易让人水土不服。如果不具备迅速适应环境的能力，就无法高效落实工作，开拓海外市场。

5. 扎实的外语功底

熟练运用市场所在地语言（或者英语等通用语言），以便迅速地与当地的客户"打成一片"，建立良好关系。

（三）驻外机构管理岗位

华为对驻外机构管理者的要求同样十分严格，需要具备以下任职资格。

1. 精通管理艺术

精通管理艺术的具体任务包括以下几个方面。

● 管理工作任务。

● 建设组织氛围。

● 管理环境资源。

● 提供决策信息。

● 制订、实施和优化工作流程。

● 改进绩效。

2. 高层公关及沟通能力

华为要求驻外机构管理者能有效地开拓高层公共关系。高层公共关系包括客户、政府、协会、学会等部门或者机构的关键人。

3. 过人的市场预测和规划能力

● 能预测、规划所辖区域的海外市场。

● 能根据客观情况，审时度势，把握全局。

● 能对营销人员进行具体而有效的工作指导。

这些能力是华为在海外市场建立工作环境、制订工作流程、实施有效工作的前提。

4. 更强的心理承受能力

今天的世界并不太平，特别是海外市场存在国内市场没有的多种风险。驻外机构管理者要面临国外不同国家的法律法规、风土人情，应对各种突发事件。这就要求管理者必须具备强大的心理承受能力。岗位越高，压力越大。驻外机构管理者只有不断地调整自己，才能挥斥方遒。

（四）职能管理岗位

转为职能管理岗位人员也是华为营销人员的一个出路。内部职能管理部门是维持公司高效运转的关键，负责为外部一线的人员提供"后勤保障"和"粮草辎重"。如果内部职能管理岗位上的工作人员缺少服务意识，那么华为营销团队的战斗力将后继乏力。

为此，华为对职能岗位管理人员有如下要求。

1. 专业知识及技能

职能管理岗位属于横向的职能岗位，接触的业务面广，监督管理的内容多。相关工作人员需要充分掌握岗位职责涉及的专业知识、岗位职责要求的工具和方法和岗位职责要求的基本技能。

2. 管理知识和技能

职能管理岗位人员需要沟通协调各方，对其整合资源和协调能力要求较高，对业务审批流程和监督流程的管理技巧要求较高。相关工作人员需要充分掌握管理学基本知识，掌握和熟练运用管理技巧，掌握沟通与协调能力。

3. 内部用户的服务精神

职能管理岗位人员需要具备服务内部用户的精神，做好各部门之间的跨部门沟通，将服务精神融入管理精神中，杜绝"官僚主义、山头主义和裙带主义"等不利于组织发展的毒瘤。

自我检查

根据下面的内容做个小测试，符合情况的就在后面的括号里打"√"，不符合的就打"×"。每个"√"得1分，每个"×"得0分。得分越高，说明你在这方面做得越好；反之，则说明你需要改进的方面越多。

（1）你具备丰富的一线营销工作经验。（　）

（2）你了解"三优先"和"三鼓励"的干部选拔原则。（　）

（3）你曾主动申请去过海外一线或海外艰苦地区工作。（　）

（4）你明确自己的能力特点，并清楚自己该选择哪个职业发展方向。（　）

（5）你在某个专业领域达到了业务骨干的水平。（　）

（6）你的业绩得到过组织认可，并进入干部后备队。（　）

（7）你明白自己应该怎样在职业发展通道中成长。（　）

注：总分0~1分为不及格，2~3分为及格，4~5分为良好，6~7分为优秀。

做个有使命感的营销专家

华为人应当具备的使命感。

要想成为一名优秀的营销人员，光懂销售技巧是远远不够的，还得培养自己的使命感。华为的成功得益于它的使命感。公司从无到有，从弱到强，始终以信仰和使命为动力。使命感令人意志坚定，不畏困难，敬畏社会责任，不容易被困难打垮。华为人的使命感主要表现在以下三个方面。

（一）使命一：振兴民族通信工业

《华为基本法》明确指出："华为以产业报国和科教兴国为己任，以公司的发展为所在社区做出贡献；为伟大祖国的繁荣昌盛，为中华民族的振兴，为自己和家人的幸福而不懈努力……"这就是华为公司的愿景和使命。

想当初，华为还是个不起眼的小公司，规模很小，技术研发能力也很弱。当时的中国也在各个方面远远落后于西方发达国家，想要缩小差距谈何容易？可是，一个历史悠久的大国若是不敢奋起直追，通信工业就会永远受制于人。这不光威胁国家通信安全，也会阻碍社会民生的发展。

华为的创业者怀着振兴民族通信工业的雄心壮志，在残酷的市场环境中迎难而上。华为长期聚焦 ICT 基础设施和智能终端，实现了数字化转型。华为通过几十年的努力，成为世界级的通信集团公司。尽管华为不是中国营业收入最高的科技公司，但它是全球 5G 技术领域无可争议的领跑者。

在过去十年时间内，华为在研发方面的投资超过 9773 亿元人民币，这使得华为成为全球最大的专利持有者之一。截至 2023 年 10 月，专利数据统计平台 LexisNexis IPlytics 发布了《全球 5G 标准必要专利实力报告》，数据显示华为 5G 专利总数排名第一，美国高通公司位居第二，韩国三星排名第三。

如果不是怀着振兴民族通信工业的宏伟抱负，华为员工就会不断地自我否定，不敢走自主创新的道路，而会选择能赚快钱却被他人掌控命运的盈利模式，永远在产业链中给外国名企打下手。这样一来，就没有自强自立的华为了。

（二）使命二：促进公司持续稳健发展

任正非说过："没有长盛不衰的企业，但是只要做到不断创新、变革，那么它将会永远繁荣下去。在技术上的研究华为会一直坚持下去，在这个技术吃人不吐骨头的时代，没有技术是会要我们命的。"

许多企业曾经盛极一时，是媒体头条上的行业明星，却并不长寿，最终不是被后起之秀挤压到市场边缘，就是成为一个历史名词。华为高层始终居安思危，唯恐下一个倒下的就是华为。为此，华为要求营销人员具备强烈的忧患意识，把促进公司持续稳健发展视为一大使命。

长期以来，华为以客户需求为导向来驱动公司发展，在 2016 年提出以技术创新和客户需求双轮驱动公司发展，要求营销人员不能竭泽而渔，要不断地培育市场，稳健地开发市场，创新地满足市场，持续地维护市场。这样才能"赢在明天"。

那么，具体该怎么做呢？

简单来说，就是以客户的需求来牵引市场，以先进的技术和产品开拓市场，以稳固的客户关系来巩固市场，以真诚的服务来提升客户满意度，以前瞻的眼光规划和开发市场。

（三）使命三：长期艰苦奋斗，点滴开拓市场

华为营销人员的直接使命便是为公司开拓市场，不断挖掘市场潜力，捕捉商业机遇，促进项目达成，最终产生更多的销售额和利润，以期获得更多的劳动回报。

这个使命看似理所当然，却不容易做到。因为商场如战场，特别是在全球经济衰退、市场竞争日益白热化的今天，开拓市场少不了要长期艰苦奋斗。如果没有一点使命感在心中，营销人员就会被畏难情绪打倒，从而变得信心不足、驱动力不足、创新力不足。

任正非曾经在财经变革项目规划汇报会上提到"盐碱地"的概念。盐碱地由于含盐分太多，农作物无法生长。但古人为了解决人多地少的生存危机，有时候不得不在盐碱地里种庄稼。华为在进军海外市场时发现，不少国家和地区由于受到国际环境和当地人文环境、法律法规等的影响，像"盐碱地"一样难以产生好的效益，辛苦的付出很可能颗粒无收。

那么，这样的市场"盐碱地"要不要开发？

华为的答案是"要"！

多年来，华为在坚持不懈地开发西方国际化通信公司看不上的"盐碱地"。无数华为人以艰苦奋斗的精神，一步一步地艰难推进，把不可能变

为可能，把"盐碱地"一点一点地改造成"良田"。正是凭借着这股坚韧不拔的拼劲，华为才能在国际市场上杀出一条血路。

今天的市场由昨天决定，而明天的市场靠今天的耕耘。所以，我们应该做一个有使命感的营销专家，不能急功近利，要着眼未来；不急于求成，也不迟疑懈怠；不自负，更不自卑，以饱满的勇气和激情去征战市场。

自我检查

根据下面的内容做个小测试，符合情况的就在后面的括号里打"√"，不符合的就打"×"。每个"√"得1分，每个"×"得0分。得分越高，说明你在这方面做得越好；反之，则说明你需要改进的方面越多。

（1）你了解公司的使命和愿景。（　）

（2）你了解公司在通信行业内的地位。（　）

（3）你了解公司开拓国际市场的历程。（　）

（4）你清楚公司为振兴民族通信工业的努力。（　）

（5）你带着使命感去开拓新的市场。（　）

（6）你能做到以长期艰苦奋斗的精神维护市场。（　）

（7）你勇于开发市场中的"盐碱地"。（　）

注：总分0~1分为不及格，2~3分为及格，4~5分为良好，6~7分为优秀。

知识拓展：华为营销人员的考核评价体系

对于部分员工来说，企业描绘的美好蓝图只是在"画饼"。他们真正关心的是考评结果，因为这关系到升职、加薪或降级等切身利益。考评不公会引发诸多管理问题。任何一个尊重劳动者的公司，都会认真建立一套合理的考核评价体系。这是激励营销人员工作、维持公司业务正常运转的重要保障。

一、考核内容

考核的内容应该遵循"重视什么，就检查什么"的原则。华为对员工的考核有一个完整的框架，包含了多个考核维度：业绩目标、行为目标、管理目标和个人发展目标。具体到营销人员的考评，主要包括劳动态度、工作绩效和任职资格。

劳动态度是秉持良好的工作精神和遵守公司规范，涉及行为目标和管理目标两个维度。工作业绩是工作的最终成果，对应了业绩目标维度。任职资格是为完成工作成果而表现出来的行为，体现了管理目标和个人发展目标两个维度。

（一）劳动态度

考察员工的劳动态度可从以下六个方面入手。

● 责任心。

● 敬业精神。

● 奉献精神。

● 团队精神。

● 创新精神。

● 基本行为规范。

（二）工作绩效

考察员工的工作绩效的重点包括以下六项。

● 销售业绩。

● 利润指标。

● 市场规划。

● 客户关系。

● 服务满意度。

● 客户黏度。

（三）任职资格

任职资格是指劳动者完成某项工作所需的一系列成功行为。它是由素质、知识、经验支撑的，反映了相关工作人员的职位胜任能力。华为对任职资格的认识有如下三个鲜明的企业文化特色。

● 华为的工作目标与任职资格息息相关，公司在考核工作业绩的同时评定员工的任职资格。

● 工作业绩是显性的，任职资格是隐性的，隐性决定显性，华为通过狠抓任职资格来提升业绩。

● 态度决定行为，华为对员工态度的考核有利于校正其行为规范，从而塑造和巩固营销人员的"魂魄"。

二、认证关系与考核关系

（一）任职资格的认证关系

华为任职资格的认证参与者包括申请人、助考员和考评员。

申请人是任职资格认证的发起人，同时也对资格认证的过程有一定的监督作用。助考员协助确定认证的流程、内容和形式。考评员通常是发起人的直接上级，负责职业资格的认证和最后的评定。

当申请人提出任职资格申请之后，助考员负责沟通协调和流程组织，考评员对申请人进行任职资格的认证与评定。如果申请人对评定结果有异议，可以提出申诉。

（二）考核关系

绩效考核通常是由被考核人的上级部门发起的。考核目的是量化实现目标的过程，监督被考核人的岗位胜任力。

当考核结果出来以后，被考核者如果对最终的考核结果有异议，可以向上上级（越一级）提起申诉；申诉成功后可以对第一轮考核结果进行审核，此时销售部（市场部）要对审核过程进行监督。如果考核结果确实存在偏差，就及时纠正偏差并找出偏差的原因，向被考核者做出合理的解释。

组织考核时需要注意以下三点。

● 考核关系是相对的，考核者是被考核者的直接上级。

● 考核的目的是促进市场目标的达成，千万不要为了考核而考核。

● 使用考核结果是考核的核心任务，如果不使用考核结果或者考核结果与薪酬弱相关，那么考核的作用就会弱化甚至无效。

三、考核方式

工作业绩考核一般采用每季度考核、年终总评的方式。任职资格的认证由申请人申请，销售部在指定时间或约定的时间里进行认证。

工作业绩考核主要围绕季度工作目标以及目标的完成情况来展开，根据相关的考核标准进行等级的评定。

任职资格认证主要围绕行为标准来展开，通过与行为相关的证据对申请人达标与否进行认证评定。

业绩考核和任职资格认证的区别和联系主要内容如下所述。

● 业绩考核针对的是工作目标，任职资格针对的是工作行为。

● 虽然没有考核劳动态度，但是劳动态度必然会在工作行为中有所体现。

● 劳动态度和业绩的达成有着非常强的正向关系。

四、沟通与协调

沟通力是管理能力的体现，沟通力是执行力的前奏，是领导力的基础。

华为对沟通与协调的要求主要是三件事：事事有响应、件件有着落、个个都优化。

简单来说，"事事有响应"是指交代给你的每一件事（指你负责的工作目标和相应的工作计划）都要及时响应和回复；"件件有着落"是指每一件事都能落实到位，把工作做扎实、细致；"个个都优化"是指每一件事都要总结和改进，力求比上一次做得更好。

如果你能做到这三件事，就能把沟通与协调的主动权掌握在自己手中。这样，他人跟你的沟通会变得顺畅起来，合作过程也特别舒服，并且人人都愿意和你合作，你也更愿意与他人沟通，从而形成一个高效、有序的良性循环。

沟通与协调落实到具体工作上主要有几个要点。

1. 共同制定工作目标

营销人员应当跟主管一起确定工作目标。工作目标应该能承接公司分配给部门的整体目标和重要任务。

2. 共同制订工作计划

我们要亲自拟订工作计划，跟主管达成一致后，确定考核标准。拟好的工作计划应当包括时间节点、过程控制、资源需求、配合者和参与者、汇报事宜等内容，不可缺漏工作相关的要素。

3. 积极主动地跟上级沟通

在工作过程中，营销人员应该及时报告工作进展，并不断主动请示上级。这样做的目的是跟上级领导共享信息，从而获得上级的支持，及时得到领导的技术指导。勤于请教，主动报告，能让上级领导充分了解你的工作进度，让上级主管部门在分配资源的时候有足够的参考依据，从而合理地增加你的工作在整个部门的优先权重。

4. 自我评价

"知己与自省"是一个营销人员必备的基本素养。人只有了解自己并不断改进不足，才能获得成长，离成功更近一步。为此，我们要正确认识自己，做好自我评价，把主管评价与自我评价有机结合起来。具体而言，我们在每月末、季末或项目结束后，要对照工作计划与完成情况，对自己做一个准确的自我评价，并在下个月度、季度计划中加以改进。

5. 考核沟通

考核沟通是优化工作的重要方法。一线营销人员要注意，不要祈求领导比你更专业。因为你是"听见炮火声"的人，而领导并不身处一线，他们更愿意听到场景性的描述和决策。领导是否支持你并重新给你配备合理的市场资源，主要取决于你和他们沟通的内容。

在考核过程中，营销人员要具体陈述目标完成情况、工作执行过程和存在的问题、下季度工作方向和改进措施等内容。被动式沟通或应答式沟通的效果都不太理想。营销人员应在客观汇报的同时，主动向主管提出自己的工作设想，并虚心听取主管的建议或指示。

我们在陈述工作优化的方案时，要让上级部门做选择题，而不是开放式的问答题。其具体做法是：多设计几个工作方案供领导评估和选择，而不是直接问领导该怎么办。这种沟通方式不仅有利于彰显你的工作积极性（关乎劳动态度的评定），还能大大提高沟通效率。

需要注意的是，如果营销人员在考核结果上与主管发生分歧，应尽量与考核者耐心沟通；如问题仍无法得到解决，可向上一级主管部门提出申诉报告（注意给出详尽的情况说明）。

五、考核结果

考核结果的应用范围主要包括如下五点。

● 用作销售员工晋升、调岗或者解雇的依据。

● 用作薪酬和奖励的依据。

● 用作开发营销员工潜能和培训的依据。

● 用作人事调整、薪资政策调整和员工关系优化的依据。

● 用作公司营销战略规划设计的重要依据。

由此可见，华为对营销人员的考核评价不光着眼于当前的表现结果，还充分考虑了该员工在未来的发展潜力。

每个营销人员现在的业绩是由其过去的能力和行为决定的，而未来的市场是由营销人员今天和明天的能力和行为决定的。换言之，一个人未来的潜力和发展空间更多取决于其内在素质。如果公司只考核员工显性的工作业绩，而忽略其对隐性的内在素质的评估，就可能对那些有成长潜力的员工造成伤害，埋没公司里的可塑之才。

为此，华为采取了平衡考核方法，任职资格配合潜力（素质）考核，再配合劳动态度（行为）和业绩考核（结果）。后者考核现在，而前者考核未来。所以，员工要左手把握现在，右手把握未来，两手都要抓，两手都要硬。

组队
作战篇

第四章

▼

最具进攻性与
协同性的销售模式

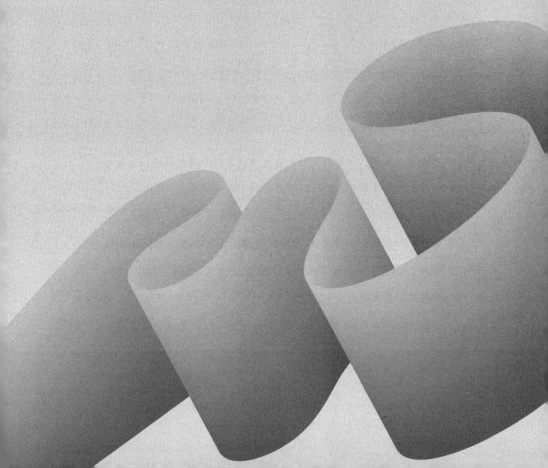

起源：一次反败为胜的海外投标

华为铁三角销售体系的起源。

华为从创办至今不断总结和优化自己的营销方法，其中铁三角销售体系是一个非常成功的变革成果。飓风起于青蘋之末，每一场大刀阔斧的商业变革，都不是无缘无故发生的。华为铁三角销售体系的起源，还要追溯至一次失败的项目投标。那是华为进军海外市场的一次重大失利。

案 例 回 放

2006年8月，华为驻苏丹代表处努力了两个月的投标以失败告终。大家在总结会上做复盘时才意识到一些原本不该发生的问题。

在此之前，客户召开网络分析会，华为驻苏丹代表处派了七个人去参加会议。这些员工在各自的领域都有一技之长，但在客户提出相关问题时，每个人却都只顾解释自己领域的问题，没有一个去讨论总体解决方案。

客户方的CTO（首席技术官）大为生气，扯着嗓门嚷嚷道：

"我们要的不是一张数通网，不是一张核心网，更不是一张简单的传输网，我们要的是一张可以投入运营的电信网！"

更糟糕的是，华为团队在设计竞标方案时，也出现了严重的失误。

苏丹处于地广人稀的沙漠地区，所以竞争对手为客户设计出了太阳能和小油机发电的"光油站点"。反观华为团队，竞标方案还在使用传统的大油机。这根本没有充分关注到客户运营成本的压力，竞标失败也在情理之中。

这次竞标失败，其实是华为犯了一个非常低级的错误。因为华为客户端的负责人在前期交流时就已经获取了客户的相关需求与信息，但他并未及时有效地将这些重要情报传递给产品端的同伴。而产品端的同伴受到各自业务部门的属性制约，同时受到传统报价模式的影响，没有给客户设计一个整网的解决方案。诸如此类的错误还有很多，但无一受到大家的重视。也就是说，团队合作不力最终导致了这次投标失败。

华为高层对这次败北非常重视，进行了深刻的反思。平心而论，华为驻苏丹代表处的业务量增长过于迅速，很多员工到岗没多久，对客户情况不够熟悉。这是团队配合不力的客观原因。但华为高层透过表象看到了失败的深层原因——华为团队组织架构与客户端的需求不相匹配。

绝大多数人还在按照传统模式运作，各抓一块，各行其是。客户经理不懂产品，产品经理不懂交付，交付经理不关心客户界面，每个产品部只是简单照搬国内的报价模式。人人都只关注自己的分内事，缺乏统一协调的整网解决方案。这种被动响应的营销模式，难以适应与国内客户差异巨大的异国客户的特殊需求。

华为驻苏丹代表处痛定思痛，从这次失败中吸取教训，决心在海外市场重新打响华为的名号。为了解决此前暴露的问题，华为驻苏丹代表处大胆革新，及时调整了原有的销售组织与营销模式。

案 例 回 放

2006年底，代表处任命三名得力干将共同组成了客户系统部的核心管理团队。其中一人统一负责客户关系，团队大部分时间以他为主导，拓展和管理客户关系，比如，决定什么时候该做什么动作，如何在关键时刻发现机会点，等等；一人主要负责产品与解决方案，他在识别关键机会点后，负责调动资源设计出能体现客户价值的整体解决方案；最后一人统一负责向客户交付产品与解决方案，但他在方案报价的前期就及早介入，确保团队投标的方案具有可交付性，并且在后期统一协调交付事宜，确保交付成功。

这个临时组建的三人团队，就是华为第一个铁三角销售团队的雏形。三人彻底打破了原先各个部门之间的天然隔阂，一起见客户，一起办公，一起交付，甚至一起生活，心往一处想，力往一处使。

在拜访客户的时候，客户想了解什么问题，就由团队中相应的专业人士进行专业解答。当一个同伴出现遗漏时，另外两个同伴还会相互补台、及时化解。如此一来，团队成员密切配合，确保了整个项目流程的信息共享、共同参与，避免了各吹各号、各行其是的问题。这次营销模式的变革让华为驻苏丹代表处重振雄风，在后续的项目上逐渐形成了竞争优势。

在驻苏丹代表处取得成功之后，华为北非地区部很快将新兴的铁三角销售模式推广到各代表处和关键客户群。而华为销售服务部在总结多方一线实践经验后，进一步优化了铁三角销售模式，并逐步在全球范围内普及了这个营销利器。华为在海外市场的快速发展，与铁三角销售模式是分不开的。

追根溯源，铁三角销售模式并非凭空出现的，而是一个厚积薄发、应运而生的产物。其萌芽大概出现在1992—2000年的国内市场大发展时期。

当时的华为已经设立了客户经理、产品经理和交付经理等不同岗位。产品经理从产品的角度支撑客户经理运作，由于客户对整网解决方案的需求不断增加，逐步演化为提供全套解决方案的方案经理。而交付经理的定位是负责用户服务与安装服务。

在这个历史阶段，客户经理与方案经理最受重视，但两者还只是简单的配合关系，并没有组成一体化的铁三角。交付经理与其余二者的衔接配合也很松散，所以当时的销售流程存在如下许多问题。

● 客户需求不清晰、不明确。

● 销售线索传递有失误。

● 业务流程复杂（验收环节多、计划随意、合同随意更改）。

● 流程责任不清，售前售后缺乏协同。

● 评审环节多、效率低。

● 产品配置复杂（多次进站勘测）。

● 项目信息不可视。

● 交付、供应不能及时响应。

● 安装计划准确率低。

● 数据IT系统混乱（系统多，数据未集成，产品经理需要同时操作多个IT系统）。

上述种种问题频繁出现，使华为内部渐渐意识到了发展瓶颈。如果一线业务人员缺乏统一的协同配合，就无法高质量地完成一个销售项目。于是华为在2001—2006年逐渐强化了这三种角色之间的协同。2006年底驻苏丹代表处的那次重整旗鼓，也恰恰是公司对铁三角销售的试点。这次成功的尝试让铁三角销售体系开始走向成熟。从那以后华为告别了传统销售模式，开启了一个全新的铁三角销售时代。

自我检查

根据下面的内容做个小测试，符合情况的就在后面的括号里打"√"，不符合的就打"×"。每个"√"得1分，每个"×"得0分。得分越高，说明你在这方面做得越好；反之，则说明你需要改进的方面越多。

（1）你对华为铁三角销售体系有基本的了解。（　）

（2）你知道2006年华为驻苏丹代表处反败为胜的故事。（　）

（3）你在工作中能与其他部门小伙伴做好衔接与配合。（　）

（4）你能及时发现工作流程中存在的配合脱节漏洞。（　）

（5）你在铁三角团队中忠实地完成了自己的分工。（　）

（6）你在铁三角团队中能做到主动与小伙伴沟通配合。（　）

（7）你在铁三角团队中能团结其他小伙伴。（　）

注：总分0～1分为不及格，2～3分为及格，4～5分为良好，6～7分为优秀。

以客户为中心的铁三角销售体系

华为铁三角销售体系的特征。

华为认为满足客户需求、为客户服务，是企业存在的理由之一。企业发展的原动力是客户需求，企业生存的基础是客户服务。如果没有客户，就没有华为的今天，更不会有华为的未来。华为的铁三角销售体系依托的是一个"以客户为中心"的销售体系。这个体系中的铁三角由三个角色组成（图4-1）。

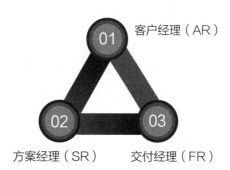

图4-1　铁三角的三个角色

客户经理，又称销售经理，简称为 AR（Account Responsible，客户负责人），在铁三角中主要负责维护客户关系，管理业务需求，进行商务谈判，管理合同与回款等任务。

方案经理，简称为 SR（Solution Responsible，产品方案负责人），在铁三角销售体系中主要负责产品需求管理，设计产品与方案设计，报价与投标，解决技术问题等。

交付经理，简称为 FR（Fulfill Responsible，交付负责人），在铁三角销售体系中主要负责从订单、制造、物流、安装到交付验收的项目管理。

客户经理、方案经理和交付经理共同构筑了一个三角形的攻坚团队。三者缺一不可，彼此支持，密切配合。任正非曾经对铁三角销售法点评道："铁三角并不是一个三权分立的制约体系，而是紧紧抱在一起生死与共、聚焦客户需求的共同作战单元。它的目的只有一个：满足客户需求，成就客户的理想。"

铁三角团队将销售工作最需要的进攻性与协同性融于一体，能通过极其灵敏的响应机制，在最短时间内端到端地及时响应客户需求，为客户提供全面的解决方案。

华为从 2007 年开始推广铁三角销售体系，迄今为止，受益匪浅。2020 年，国际形势剧烈变化，华为遭遇某些西方国家的不友好对待，外加席卷全球的新冠疫情，市场环境十分严峻。尽管如此，华为依然逆势取得了 8914 亿元的销售收入，同比增长 11.2%。除了国家与消费者支持、华为技术能力过硬、公司上下齐心协力等原因外，铁三角销售体系也功不可没。

铁三角销售体系把客户经理、方案经理、交付经理这三个角色合成在同一个工作小组中，由单兵作战彻底转变为小团队作战，三者都处于离客户最近的地方，并且在授权范围内有权力直接呼唤"炮火"。如此一来，客户经理、方案经理和交付经理能在第一时间共享信息、沟通协调，共同为客户提供全套解决方案。若是按照传统销售模式，每当客户提出一个问题时，就需要去找其他部门同事协调，或者向上级层层请示，谈判效率与产品交付效率无疑很低下，难以赢得客户的心。

以上说的"铁三角"，只是基于项目的铁三角团队，也就是华为直接面向客户的最基本的组织和最小作战单位。华为铁三角销售体系除了项目铁三角团队之外，还有大客户系统部"铁三角"。大客户系统部铁三角的组织角色相对固定，同时也是项目铁三角各角色资源的来源以及项目铁三角业务能力的建设平台。

在实际运作中，华为的总部管理体系也围绕铁三角销售体系重新梳理，由总部支持各地区部，各地区部下的代表处则根据区域组织形态（大国与小国、发达地区与不发达地区）、业务形态（运营商业务、企业业务、终端业务）和客户等级的差异，灵活配置一个又一个铁三角团队。

整个铁三角销售体系都按照流程有序运转，每个层级的"铁三角"都具有强大的协同作战能力与出色的市场攻坚能力。在下一节中，我们将介绍支撑各级铁三角团队运作的流程——LTC流程。

自我检查

根据下面的内容做个小测试，符合情况的就在后面的括号里打"√"，不符合的就打"×"。每个"√"得1分，每个"×"得0分。得分越高，说明你在这方面做得越好；反之，则说明你需要改进的方面越多。

（1）你了解铁三角团队的三个角色。（　）

（2）你清楚客户经理的职责。（　）

（3）你清楚方案经理的职责。（　）

（4）你清楚交付经理的职责。（　）

（5）你了解华为项目铁三角与大客户系统部铁三角的概况。（　）

（6）你了解华为铁三角销售体系的发展历程。（　）

（7）你了解华为铁三角销售体系在海外市场的应用情况。（　）

注：总分0~1分为不及格，2~3分为及格，4~5分为良好，6~7分为优秀。

LTC流程：从管理线索到管理合同执行

什么是华为的 LTC 流程？

LTC 流程是华为铁三角销售体系中一个绕不过去的话题。随着铁三角销售体系的不断推广，华为也对产品、研发、采购、供应链、交付等环节进行改革，以求强化公司各部门对客户界面"铁三角"的有效支撑。从2007 年开始，LTC 流程变革就在华为轰轰烈烈地展开了。到了 2009 年，任正非发表了著名的华为内部讲话《谁来呼唤炮火，如何及时提供炮火支援》，充分肯定了 LTC 流程变革的意义。

一、LTC 流程简介

铁三角是华为销售一线最小的经营单元，其所有的业务都是由 LTC 流程支撑的。LTC 流程就是从管理线索到管理机会点，再到管理合同执行的主业务流程。这个流程打通了从发现销售线索到机会点，再到完成交付与回款的全过程。其具体流程可分为三个阶段：管理线索、管理机会点，以及管理合同执行。

第一阶段：管理线索

步骤一：收集和生成线索。

步骤二：验证和分发线索。

步骤三：跟踪和培育线索。

第二阶段：管理机会点

步骤一：ATI（Authorize to Invest，立项决策）——验证机会点。

步骤二：标前引导。

步骤三：ATB（Authorize to Bid，投标决策）——制定并提交标书。

步骤四：ATC（Authorize to Contract，签约决策）——谈判和生成合同。

第三阶段：管理合同执行

步骤一：管理合同 /PO（Purchase Order，订单）接收和确认。

（1）管理交付。

（2）管理开票和回款。

（3）管理合同 /PO 变更——执行 ATAC（Authorize to Amend Contract 合同变更决策）。

（4）管理风险和争议。

步骤二：ATCC（Authorize to Close Contract，合同关闭决策）——关闭和评价合同。

以上就是 LTC 的基本流程，它具有明确的授权规则，清晰的流程关键控制点，以及高效的评审和决策体系。

流程中的决策点集中在 ATI 立项决策、ATB 投标决策、ATC 签约决策、ATAC 合同变更决策、ATCC 合同关闭决策等五个环节。

专业／综合评审点包括：管理机会点阶段的投标评审、合同评审环节，管理合同执行阶段的合同／PO 变更方案评审环节。

质量风险控制点主要是合同签订、接受和确认合同／PO、签订合同／PO 变更协议三个环节。

LTC 流程非常重视市场研究和前期拓展，通过收集和生成销售线索，然后形成机会点，在以机会点为基础发展成给客户的合同，再通过合同执行把产品和服务交付给客户，当客户为获得产品和服务而支付，企业收回账款，最后关闭合同。

这就是一个完整的价值创造的端到端流程。以铁三角为核心的销售团队就是 LTC 流程的忠实执行者。铁三角依托 LTC 流程来高效推进销售业务，有效提升项目成功率，充分调动各平台的资源来服务客户，为客户创造最大的价值。

二、LTC 流程的意义

LTC 流程的管理目标是构建一整套"以客户为中心"的 LTC 流程架构及体系。该流程对准了客户的业务流程，实现了从线索、机会点、合同签订、合同执行、回款到合同关闭的全流程集成。由于这个流程架构的确定，华为利用信息技术构建先进的信息系统，让公司的项目经营实现了实时的业务数据共享。

只有这样，铁三角才能在共享信息的条件下密切配合，帮助客户实现收入、利润和现金流的增长。由于销售业务的高效运营，整个团队最终能实现自身价值，让收入、利润和现金流获得有效增长。

华为的 LTC 流程变革试点成功后，在公司迅速推广。随着互联网技术、大数据技术、云服务和智能化技术的发展，华为的 LTC 流程彻底打通了业务平台、资源平台和数据平台，组成了全球运营的 IT 数字化系统。

这使得所有铁三角销售团队的作战能力大大提升。一线营销人员可以把更多的时间聚焦于客户。"听得见炮火的人"能得到充分授权，更快地响应客户的需求，做出相关决策，推动项目落地。华为公司也因此提高了运作效益，提升了客户满意度，实现了可持续的盈利增长。

我们将在后面的章节详细介绍以 LTC 流程为依托的销售工作方法。

自我检查

根据下面的内容做个小测试，符合情况的就在后面的括号里打"√"，不符合的就打"×"。每个"√"得1分，每个"×"得0分。得分越高，说明你在这方面做得越好；反之，则说明你需要改进的方面越多。

（1）你了解 LTC 流程的概况。（ ）

（2）你完整地参与过 LTC 流程。（ ）

（3）你能独立完成跟踪和培育线索的工作。（ ）

（4）你能独立完成能够通过投标评审的标书。（ ）

（5）你能独立完成能通过合同评审的合同。（ ）

（6）你在管理交付、开票和回款时没有出现过重大失误。（ ）

（7）当合同发生变更时，你能做好合同变更决策。（ ）

注：总分0～1分为不及格，2～3分为及格，4～5分为良好，6～7分为优秀。

知识拓展：华为销售人员工具箱之三

一、怎样巩固我方市场的优势地位

在我方占据较大的市场优势时，客户往往会"找平衡"，引入竞争对手来牵制我方或者迫使我方降低商务价格（目录价、成交价、付款进度、赎期、交付进度、验收条款等）。怎样打破客户的"找平衡"思想，巩固我方市场的优势地位呢？这可以从以下"五个提升""两个降低"来着手。

1. "五个提升"

（1）提升客户满意度。倾斜优质资源，加强售后服务，提升客户满意度。

（2）提升"立体"客户关系。包括关键客户关系、普遍客户关系、组织客户关系三个层面。

（3）提升客户依赖度。加强客户的产品培训、管理培训，帮助客户进行市场规划等。

（4）提升组织流程匹配度。通过流程对接、框架合作来简化交易程序。

（5）提升合作维度。从产品合作到解决方案合作，从商业合作到战略合作，如联合创新、生态合作等，一步步提升合作维度，对竞争对手实现降维打击，从而实现"多维"打"少维"，"高维"打"低维"的局面。

2. "两个降低"

（1）降低商务价格。在保证合理利润的前提下，可以主动适当降低商务价格或者提供一些其他附加价值，让客户感到心理平衡，防止竞争对手伺机突破。

（2）降低风险。主动排查现有应用产品风险，排查客户关系盲点，不给客户找到借口而引入竞争对手。

二、怎样做好合同谈判策划

1. 谈判时机确认四条件

在互利原则尚未确认和资料掌握不够充分时就匆匆进入谈判阶段，往往会增加谈判的难度。我们在谈判前需要确认是否具备以下四个条件。

（1）客户已给出条件较为明确的合作承诺。

（2）你已经提出了关于商务、解决方案、服务等条款的初步提案。

（3）客户对你的提案提出了歧义，而你无法用初步提案去说服对方。

（4）确认客户已经提出了所有歧义。

如果符合以上几个条件，就可以由销售行为转入谈判阶段。

2. 合同谈判四原则

（1）把人与问题分开：人为因素可能是助力，也可能是阻力，要做到把人与问题分开处理。

（2）着眼于利益而非立场：寻求互利的解决方案，而非立场之争。

（3）提出多种解决方案：关注沟通利益，提出多种双赢的解决方案。

（4）坚持客观标准：包括国际标准、国家标准、行业标准、习俗或惯例、法律法规、企业过往实践、专家意见等。

3. **解决分歧四方法**

（1）利益交换：优先选择，双方获利。

（2）附加利益：无法完全满足客户需要，用其他的价值弥补。

（3）折中：双方各让一步。

（4）妥协：单方面让步，满足客户要求。

4. **高效谈判三步法**

（1）谈判开局。

● 总结到目前为止的所有已谈事项。

● 确认所有的分歧点。

● 提出谈判议程。

（2）谈判磋商。

● 陈述具体分歧细节。

● 确认或者了解分歧中客户需求的出发点。

● 表达公司具体的需求或困难。

● 商讨解决方案：提出我方解决方案，征询客户意见。

● 出现僵局：可以提议调整议程。

● 总结讨论并结束此项议题。

（3）谈判收尾。

● 明确解决所有分歧的综合方案及最终结论。

● 总结综合方案给双方带来的利益。

● 确认下一步工作计划。

5. 销售合同谈判策划五要素

（1）三方分析。

● 自身分析：优势、短板、独特价值、目标。

● 客户分析：需求痛点、项目背景、财务状况、决策人、决策流程、决策时间、谈判策略等。

● 对手分析：对手方案建议、目标、客户关系、市场地位、谈判策略等。

（2）确定谈判目标。

● 设定符合SMART原则的谈判目标。

（3）准备方案。

● 确定所有可能出现的分歧点。

● 针对每一个分歧，准备尽可能多的解决方案，并对每个方案进行评估，注明每个方案对客户的价值。

（4）整合方案。

● 找出客户可能接受的组合方案。

● 评估每一个组合方案对双方的价值。

● 至少准备三套组合方案（最优、折中、底线）。

（5）组建谈判团队。

● 选择团队成员：选择懂业务的、有专业谈判经验的人员。

● 角色分工：主谈、技术、服务、商务、记录员等。

三、如果客户不付款，该怎么办

这是一线营销人员经常遇到的场景：合同签了，甚至项目也已经交付了，但客户就是以种种理由拒不付款。这时，我们该如何应对呢？首先，我们仍然要思考客户不付款的真正原因，然后采取对应的措施。以下是客户不付款的常见原因。

（1）客户资金短缺。在这种场景下，我们可以提出更加灵活的付款方案，甚至可以协助客户进行融资。

（2）认为你公司的产品或方案有问题。在这种场景下，如果我们的产品确实存在问题，就要进行充分沟通，提出客户认可的解决方案；如果单纯只是客户的顾虑，我们可以通过实际产品应用证明、应用案例等，证明我们的产品和方案的可靠性。

（3）认为你公司的交付质量有问题。在这种场景下，需要迅速排查，如果我们的交付中确实出现了问题，就要及时进行整改，甚至更换交付项目经理；如果我们的交付并没有问题，只是客户的感知不好，可以通过联合测试等方法提升客户满意度；如果是因为前期营销人员的过度承诺造成产品某些功能无法实现，需双方协商解决。

（4）出现了恶意竞争对手。签订合同后，竞争对手抛出低价方案搅局，导致客户对与我们的合作"后悔"。在这种场景下，需要尽快定位竞争对手及其商务、技术方案等，找出其弱点，突出双方的长期合作价值，同时加强与客户全面沟通和交流，坚定客户与我们合作的决心。

（5）前期客户关系不到位。由于营销人员前期运作项目的时候忽略了某些节点上的客户关系，导致客户最后拒绝付款。这就需要营销人员判断清楚具体是哪个环节的客户出了问题，通过及时弥补客户关系来解决。

（6）恶意拖欠款项。可以尝试通过更高层面的客户关系来解决；如果客户就是恶意拖欠款项，可采用法律手段来解决。

四、怎样完成销售项目总结

销售项目总结通常是还原销售项目运作的真实场景，同时对项目的成功经验和失败教训进行经验总结和自我反思，重在实事求是，通过"三还原一总结"来呈现。

1. 项目背景还原

其主要内容包括以下五方面。

（1）政治和经济环境。

（2）行业政策。

（3）客户发展规划。

（4）友商情况。

（5）客户痛点，项目起因。

2. 项目策划过程还原

其主要内容包括以下四方面。

（1）项目前期的需求引导过程。

（2）客户信息收集和分析。

（3）竞争对手信息收集和分析。

（4）项目分析、目标确定、项目策略制定。

3. 项目实施过程还原

以叙述的方式描述项目实施过程，主要包括以下六方面内容。

（1）客户公关策略及实施。

（2）产品与解决方案策略及实施。

（3）商务和融资策略及实施。

（4）竞争策略及实施。

（5）服务策略及实施。

（6）合同谈判策略及实施。

4. 项目结果及经验教训总结

（1）总结赢在哪里，输在哪里。

（2）哪些信息准确，哪些不准确。

（3）哪些策略全面有效，哪些策略缺失或偏差。

（4）哪些策略实施到位了，哪些策略没有实施到位。

（5）哪些决策前提不对，哪些决策有偏差。

第五章

▼

铁三角
销售法为什么能赢

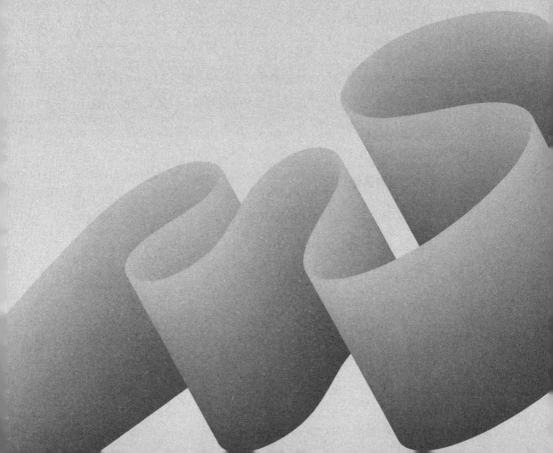

客户经理：让客户越来越离不开华为

铁三角销售团队中客户经理的主要工作。

为客户创造价值，为客户带来收益，是一切企业生存的基础。营销工作说白了就是想办法让客户心甘情愿地为你创造的价值付费。在这个过程中，客户经理（营销人员）是离客户最近的人。他们需要经常接触客户，维护与客户的关系，了解客户的真实需求，为公司争取更多的客户订单。

然而，你有没有思考过一个问题：客户经理的职责只是卖产品、搞订单那么简单吗？客户经理应该在营销团队中扮演什么样的角色呢？

一、对客户经理的认知误区

有些客户经理对自己的岗位存在认知偏差。他们以为自己的使命就是站在公司的立场上，千方百计地从客户口袋里掏出更多钱。为了拿到更多的订单，他们甚至会不择手段，拿客户当冤大头耍一些小聪明。这类人只看眼前的蝇头小利，却让客户失去了对你公司的信任。

在"以客户为中心"的华为，客户经理不站在客户的对立面。恰恰相反，他们既是公司的代表，也在一定程度上是客户的代表。卖产品是华为客户经理的任务，但其最重要的职责是理解客户需求，把客户的业务需求如实告诉公司，辅佐公司更好地为客户服务。

在铁三角销售体系中，客户经理往往会把80%的时间花在客户身上，跟客户保持密切联系，时刻关注是否有新的机会点产生。因此，那种坐在办公室里给客户打打电话就算完成任务的懒散作风，在华为客户经理身上是看不到的。

华为成功的秘诀之一，就是客户经理有办法让客户越来越离不开华为。

要想赢得客户，最好的办法莫过于赢得他们的心，即在能力上技惊客户，在态度上以诚换诚。华为的客户经理每天都要去拜访客户，跟客户一起了解其业务痛点和业务需求，随时准备为客户服务。

在销售一个产品前，客户经理必须充分了解客户的现状和面临的问题，弄清楚华为的产品和服务能否为客户创造价值。当客户经理体察了客户的疾苦，甚至发现了客户自己都没注意到的潜在隐患，就可以驱动公司为客户设计合理的解决方案，从而满足客户的业务需求。这才是真正把"以客户为中心"落到实处的情况。

在铁三角销售体系中，客户经理就是那个第一时间获知客户想法，深刻理解客户诉求的人。铁三角销售体系中的方案经理与交付经理，都需要客户经理搜集情报，才能联手设计出更加贴近客户需求的解决方案，从而拿下订单，不给竞争对手留下可乘之机。

这一点在进入新市场，面对从未合作过的陌生客户时显得尤为重要，因为客户经理扮演的是为公司开疆拓土的角色。客户经理只有充分为客户着想，才能真正取得客户的理解和信任。而客户对华为产品的信任，对华为公司的信任，首先来自对具体的某一位客户经理的信任。从这个角度说，每个一线客户经理都肩负着重大使命。

二、华为客户经理的四大岗位角色

华为是一家善于把经验上升为理论，再把理论转化为制度与方法的公司。根据多年实践，华为提炼出了客户经理最核心的四大价值。一个合格的客户经理必须同时扮演以下四种角色。

● 销售项目的主导者。

● 客户关系平台的建立和维护者。

● 全流程交易质量的责任者。

● 客户群规划的制订和执行者。

由此可见，华为的客户经理在 LTC 业务流程中扮演了重要角色。他不是单枪匹马地卖产品，而是必须与产品方案负责人（方案经理）和交付负责人（交付经理）真正形成铁三角协同作战，因为三者的工作内容贯穿了整个 LTC 业务流程。

华为客户经理同时扮演的四个角色对应的具体职责分别如下。

S（SPD）：销售项目的主导者，其主要职责如下。

● 负责销售目标的制订。

● 组建项目团队。

● 项目运作管理与监控。

● 竞争管理。

这些工作是销售项目完成的基础，考验着客户经理的项目运作能力与团队领导能力。

A（AR）：客户关系平台的建立和维护者，其主要职责如下。

● 进行客户关系规划和拓展。

● 实施客户关系关键行为和结果达成。

客户经理最核心的职责就是为公司构建良好的客户关系平台，不断巩固关键客户关系，努力发展和提升普遍客户关系，最终构建良好的组织型客户关系。华为的客户经理跟其他企业的同行在定位上有一个重大区别：一般的客户经理更多是为个人积累客户资源，而华为的客户经理需要把个人发展的客户关系转变为公司的组织客户关系。所以，华为的客户经理任务更重，挑战性更强，成效也更大。

L（LTC）：全流程交易质量的责任者，其主要职责如下。

● 对机会点的风险进行有效管理。

● 对合同签订进行质量把关。

● 对合同履行进行质量监控。

传统的客户经理几乎只负责前期的销售工作，而不太管后续的方案与交付。华为早期也是如此，客户经理只管签订单、卖产品，后期产品的交付质量完全丢给交付经理管，回款任务则由专门的回款经理负责。整个业务流程是相互脱节的，出现问题时很容易发生各个经理互相推诿责任的乱象。

在铁三角销售体系中，客户经理是全流程交易质量的责任者，负责销售项目端到端的完整业务，包括最终的回款。

为什么回款工作也需要客户经理的参与呢？因为回款任务本身比较难做，有时候需要良好的客户关系才能完成。华为有市场财经经理来专门负责项目融资与回款的管理工作。可是，如果市场财经经理在客户那里碰壁，就需要找与客户关系更加熟络的客户经理相互配合。按照公司制度，相应的回款指标会分摊到客户经理身上，如果回款指标完不成，客户经理也就受连累。

华为让客户经理端到端地负责整个业务流程，是从项目运作的整体需要出发。客户经理不仅要为团队提供客户关系保障，还要在项目投标前期就组织方案经理、交付经理进行方案设计，并且协同市场财经经理、商务经理、投标经理、法务经理等给予支撑。由客户经理组织团队提供一整套完整、有效的交付方案，将有力地确保后期交付工作的高效执行，并能实现及时回款的目标。

当然，这不意味着回款的每一项工作都需要客户经理去做。华为只是要求客户经理对回款的结果和质量负责，在必要时协助市场财经经理负责推动工作进展，其他大部分常规性的回款工作按照回款业务流程由市场财经经理负责。

ES：客户群规划的制订和执行者，其主要职责如下。

● 理解客户的战略。

● 洞察客户需求。

● 从客户的角度理解客户业务发展前景和面临的痛点。

● 制订客户群的目标和策略。

● 管控执行。

● 当执行的过程中出现问题时，对目标和策略进行相关的调整。

华为并没强制客户经理必须参与具体的产品解决方案设计工作，也不考核其是否直接参加后期的实际交付工作。公司考核的关键点在于，客户经理有没有在项目中充分理解客户的需求，能否带领铁三角团队拿下项目获得订单，赢得客户信赖。

优秀的客户经理不需要成为无所不能的"万金油"，也不必事无巨细地插手其他团队成员的工作。他只要把自己真正的职责做好，并及时处理方案经理和交付经理提出的客户界面的工作需求，完成自己在团队中的分工角色。

总之，在华为铁三角销售体系中，一个人的单打独斗是不被允许的，最重要的永远是团队合作，彼此配合、协同作战。对于解决方案和后期交付这两方面的职责，就应该由铁三角中的另外两个角色——方案经理和交付经理来主持。客户经理在这些环节中应当从主导者的位置退回支持者的位置。

自我检查

根据下面的内容做个小测试，符合情况的就在后面的括号里打"√"，不符合的就打"×"。每个"√"得1分，每个"×"得0分。得分越高，说明你在这方面做得越好；反之，则说明你需要改进的方面越多。

（1）你获得过销售冠军。（　）

（2）你积累了数量可观的客户资源。（　）

（3）你为公司发展过新的组织客户。（　）

（4）你能准确地理解主要客户的战略。（　）

（5）你跟客户保持了密切的联络，并能第一时间掌握其动态。（　）

（6）你从客户的角度理解客户业务发展前景和面临的痛点。（　）

（7）你有制定客户群的目标和策略。（　）

注：总分0~1分为不及格，2~3分为及格，4~5分为良好，6~7分为优秀。

方案经理：为客户提供差异化竞争力

铁三角销售团队中的方案经理应该做哪些工作？

市场从来都是残酷而公平的，只会给强者机会。那些既能体现客户价值，又具备差异化竞争力的产品，在市场中能对同类产品形成降维打击。

遗憾的是，今天市场上的产品越来越同质化，技术性能相近，造型设计相似，最后比拼的还是价格。这表明众多企业陷入了价格战的泥潭。

简单地比拼价格不是华为的作风。华为首先思考的是客户需要的到底是什么，从客户需求和业务痛点入手，经过调研分析，真正理解客户需求。在此基础上，再思考什么样的解决方案才能最大限度地体现客户价值，提升客户满意度。

华为的做法是为客户提供个性化定制的解决方案，从产品的功能、特性、兼容性和匹配度等方面帮助客户解决问题，形成友商难以超越的竞争优势。这不是客户经理能独自解决的问题，需要由方案经理来主持。

在华为铁三角销售体系中，方案经理是一个非常重要的角色。方案经理绝不是客户经理的简单帮手，而是一个项目的战略分析者和策划者。他们同样要负责分析市场和客户的方方面面，协调各方资源，尽最大努力争取项目的成功。

方案经理最核心的角色定位，是产品格局的构造者、品牌的传播者以及盈利的守护者。为了明确方案经理的角色定位，华为对方案经理的主要职能进行了梳理和总结，形成了方案经理角色定位的 5P 模型。5P 模型的具体职责介绍如下。

1. Plan：市场规划与计划预测者

方案经理来到一个新市场时，必须洞察和分析市场的现状和前景，做出产品市场规划和中长期的市场预测。为此，方案经理做方案时要有针对性，要针对不同的细分市场、细分行业、细分客户来做差异化的解决方案，避免跟友商产品同质化的问题出现。

2. Place：机会点与格局管理者

这里的 place，是指方案经理在完成市场调研和规划后，要善于从中找到市场的突破口，也就是机会点。当销售项目进入 LTC 流程之后，方案经理要完全理解客户对产品和服务的需求，深入调研客户的需求现状，找到需求痛点，进行战略沙盘的推演。这样才能找到市场中跟公司产品和服务有关的机会点，然后进行产品布局和准入管理。

3. Product：客户化产品与解决方案制订者

方案经理要具备制订客户化的产品和解决方案的能力，统一协调管理产品和解决方案，提炼产品、解决方案和服务的价值所在，并开展营销策划和实施产品和解决方案。

4. Promotion：品牌营销与项目拓展责任者

方案经理要想打动客户，就得让客户感知产品、解决方案与服务的价值。为此，方案经理必须制订包含公司、产品和解决方案的品牌推广策略、竞争优势和价值呈现策略，并向客户关键利益相关人进行汇报和沟通。只有让客户深入理解和认可我们的解决方案，才能进行项目拓展。

5. Profit：产品盈利与现金流守护者

销售项目最终能否为公司带来盈利，离不开正确的定价策略和竞争策略。产品解决方案的定价策略和竞争策略，主要是由方案经理制订和执行。方案经理还需要对合同签订前后产品和解决方案满足客户需求的流程全面负责。

案 例 回 放

1999 年，广西移动公司成立不久，开始进行智能网招标。广西移动有两大诉求：一是在 6 个月内快速向用户提供预付费业务，抢占市场的先机；二是技术、产品与解决方案必须稳定，有实验局①经验。华为广西移动系统部营销团队针对客户要求，制定了扎实可行的解决方案。

华为营销团队首先邀请客户的技术团队访问公司，带领他们参观、考察公司研发中心，与华为研发团队细致交流，并安排专家为客户详细讲解如何组网、安装、测试以及放号等工作。通过一系列技术交流，广西移动认可了华为的移动智能网技术方案。

接下来，华为广西移动系统部营销团队为客户设计了有针对性的解决方案，同时与客户的市场部、运维部充分沟通，提供保

---

① 实验局：指那些无法在实验室进行的测试和验证工作，选择典型的应用场景，在用户的实际使用环境中进行的测试活动。

障客户快速放号、快速运营、获取用户和收益的商业计划书。广西移动公司非常看重现金流，于是华为团队提供了3年设备投资回报的综合投资与运营成本分析，展示了良好的投资收益，促使客户快速决策。

由于广西移动公司是新成立的，管理经验比较欠缺。广西移动公司当时的总经理希望能从华为引进先进的管理方法，以提升公司的管理水平。于是华为项目组的负责人特地向公司申请，邀请公司资深顾问去为客户进行管理赋能。

在这个项目案例中，华为始终站在客户的角度思考问题，帮助客户发展业务，因此最终被客户评估为最有发展潜力的移动智能业务合作伙伴。当时的华为还没有方案经理这个岗位，但产品经理履行的正是方案经理的职能，其工作内容完全符合5P模型的岗位角色要求。

华为当时在全国各区域采用的是相似的竞争策略，通过最大限度地为客户创造价值，形成了显著的差异化竞争力。这让华为很快在移动智能业务领域的国内市场份额坐稳了榜首位置。

华为后来发展出铁三角销售体系，进一步明确了方案经理在团队中的职能和权责。然而在很多公司，方案经理这个角色是缺失的。这些公司的营销人员和产品研发技术人员分属不同部门，彼此之间的协作往往是脱节的。营销人员不懂技术，导致对客户需求的理解不够准确。而技术人员的介入较晚，导致项目难以确保快速跟进，效率低下，权责不清，最终可能让项目流产。

这个问题可以通过改革销售服务体系来解决。比如，公司设立了一个"解决方案部"，同时设置方案经理岗位，并明确其职责。方案经理在参与项目运营时，从客户的需求出发，对合同签订前后产品和解决方案满足客户需求的流程全面负责。解决方案部则负责打通部门墙，与方案经理一同串联各个产品线，形成矩阵式管理（图5-1）。这样形成的解决方案既要满足客户需求、体现客户价值，又能形成差异化竞争力。

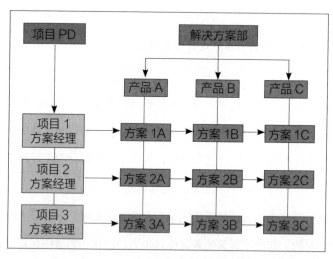

图5-1 解决方案部架构与运作示意图

自我检查

根据下面的内容做个小测试，符合情况的就在后面的括号里打"√"，不符合的就打"×"。每个"√"得1分，每个"×"得0分。得分越高，说明你在这方面做得越好；反之，则说明你需要改进的方面越多。

（1）你能独立做出产品市场规划和中长期的市场预测。（ ）

（2）你能针对不同的细分市场、细分行业、细分客户做差异化解决

方案。（ ）

（3）你懂得怎样提炼产品、解决方案和服务的价值。（ ）

（4）你能制订出合理的产品解决方案的定价策略和竞争策略。（ ）

（5）你能制订解决方案的品牌推广策略、竞争优势和价值呈现策略。（ ）

（6）你能通过价值呈现让客户深入理解和认可你设计的解决方案。（ ）

（7）你能跟客户经理密切配合，完全理解客户对产品与服务的技术要求。（ ）

注：总分0～1分为不及格，2～3分为及格，4～5分为良好，6～7分为优秀。

交付经理：正确交付也是一种生产力

铁三角销售团队中的交付经理应该做哪些工作？

铁三角销售体系中的最后一个角色是交付经理。交付经理主要负责的是产品的交付和后期维护。这件事看似简单，似乎只要按照合同来办，然后通过验收和取得回款，就能皆大欢喜了。但是，实际上，交付环节往往最容易出问题。

很多公司要么没有按期交付，要么对之前的服务承诺敷衍了事。客户不满意，自然不肯付款。营销人员前期做的种种工作，都因交付环节的问题而打水漂，好不容易建立的客户关系也遭到破坏。到了这个时候，就算营销人员好声好气地补救，客户也可能根本不买账。

造成这个乱象的根源，就是营销人员把签订合同视为销售流程的最终环节，忽视交付工作的重要性。华为在推出铁三角销售体系之前也存在这个问题。

在过去，客户经理与方案经理拿下订单，研发出解决方案，跟客户签订合同后，就忙着去寻找新机会点和开发新项目，把剩下的事都一股脑儿地甩给后端交付部门。可是，后端交付部门很少参与项目前期工作，并不太了解客户经理到底给客户做出了什么服务承诺，只是简单地按照合同办事。而客户经理也只顾说服客户，没有跟交付部门确定这些服务承诺究竟有没有能力完成。结果就成了前端给后端设陷阱，后端跟前端发脾气，客户对客户经理与交付部门相互推卸责任的行为大失所望。

由此可见，营销工作如果忽略产品或服务的后期交付，势必会造成客户满意度下降。可是曾经有段时间，交付经理在华为的地位不高。他们干活最苦，挨骂最多，在项目中又缺少话语权。这导致华为前期也发生过一系列交付问题。

2003年前后，华为因扩展国际市场而订单猛增，货物漏发和错发的情况层出不穷。为此，公司还一度成立了一个名叫"发正确的货部"的新部门。后来任正非决心彻底解决交付不善问题，在《将军是打出来的》一文中强调："交付一定要提高效率，从本职工作开始改善，提高自身能力。正确理解客户需求，正确做出合同，正确录入合同，正确发货，正确交付，正确服务，每一个环节都很重要。"

华为在巴基斯坦第一个Turnkey项目的失败，有着惨痛的教训。因为华为此前没有承接过任何Turnkey项目，团队配备并不完善，没有负责基础土建的土建工程经理，没有外包合作的分包与合作经理，也没有负责财务测算的项目财务人员，后端交付部门存在严重的先天不足。

这导致华为对当地站址的获取、土建、取电、挖沟铺设光缆、大量物料与劳务采购和合作管理、网络对接等环节都束手无策，连一条最基本的业务基线都没有，完全是从零开始试错的。

正确交付也是一种生产力。而不正确的交付，违背了"以客户为中心"

的华为核心价值观,对公司有害无利。

后来,华为痛定思痛,开始组建正式的 Turnkey 部门,拉通了一线代表处、地区部、机关之间的合作和协同。该部门根据项目级别匹配资源,确保交付能力能够满足项目复杂度和管理的需求。其中,项目交付专家的专业价值被充分认可,真正实现了"正确交付"。

鉴于种种教训,华为在铁三角销售体系中强化了交付经理的权责。交付经理一改往日没有话语权的弱势形象,全程参与项目从立项到合同签订的过程,全面了解项目的前因后果,并能随时发表自己的专业意见。

不过话说回来,如果交付经理对自己岗位角色的认知出现偏差,那么铁三角团队辛辛苦苦签订的合同便存在无法交付的风险,可能出现签了又改,改了又签,将宝贵的时间消耗在流程的反复折腾中的情况,甚至会延误货期和工期,被客户投诉,导致自己与其他团队伙伴一起受罚。

为了避免这个问题,华为经过不断完善交付经理的职能定义,总结出了一个 HEROS(英雄)模型。这意味着交付经理从可有可无的"龙套",正式转变为团队中的"英雄"。一名称职的交付经理,需要扮演好以下五种角色。

1. H(Head):项目交付团队的领导者

交付经理通过参与项目组织的发展,打造一支高绩效的项目支付团队。项目支付团队要践行公司核心价值观,遵守契约精神,为客户创造价值,满足客户需求。

2. E(Environment):交付环境与氛围的营造者

交付经理负责项目的合规运营,确保项目交付能遵从公司的相关管理制度和规定,构建良好的交付环境和氛围。

3. R（Responsibility）：**项目经营、质量和客户满意的责任者**

交付经理必须严格按契约交付，按预算执行，对达成项目经营结果负责。

4. O（Operation）：**交付项目的风险管控者**

交付经理有权对项目重大问题的风险进行决策和管控，对超出项目组管控范围的风险需及时升级，以规避风险并进行闭环管理。这样可以避免客户经理擅自对客户许下不切实际的服务承诺。

5. S（Strategy & Solution）：**项目交付策略或方案的制定者**

交付经理负责制定项目交付策略和项目交付方案，并负责管理项目交付的执行过程。

由此可见，交付经理在铁三角销售体系中确实至关重要，与客户经理、方案经理形成三足鼎立之势。三方的权责各有侧重，但都全面参与了整个项目运作流程，真正成为一个荣辱与共的集体。

自我检查

根据下面的内容做个小测试，符合情况的就在后面的括号里打"√"，不符合的就打"×"。每个"√"得1分，每个"×"得0分。得分越高，说明你在这方面做得越好；反之，则说明你需要改进的方面越多。

（1）你把交付视为销售流程的一个重要环节。（ ）

（2）你平时在项目工作中做到了正确交付。（ ）

（3）你对交付经理的岗位角色有明确的认识。（ ）

（4）你能确保自己负责的项目交付遵从公司的相关管理制度和规定。（ ）

（5）你在工作中能构建良好的交付环境和氛围。（　）

（6）你能严格执行"按契约交付，按预算执行"的原则。（　）

（7）你能制定一套成熟的项目交付策略和项目交付方案。（　）

注：总分 0～1 分为不及格，2～3 分为及格，4～5 分为良好，6～7 分为优秀。

知识拓展：华为铁三角的决策和授权机制

商机稍纵即逝，速度往往成为营销制胜的关键。一线销售团队如果没有足够的决策权，就不得不向上级请示；如果上级权限不足，就只能层层请示。这样一来一去的，不仅沟通成本增加了，决策时间拉长了，客户还有可能被竞争对手趁机抢走。

让一线团队直接决策，是华为屡战屡胜的一大法宝。华为铁三角销售体系之所以能取得辉煌的成就，与充分的决策权分不开。甚至可以说，没有这套决策授权机制，铁三角销售团队就是有名无实的。

华为各级销售决策团队会依据具体的销售情况进行授权，在销售项目的关键决策点进行决策。为了更好地了解这套决策和授权机制，我们先来看看营销活动中必然会遇到的各种决策问题。

1. 常见的决策类型

在华为的LTC流程中，常见的决策类型有五种：立项决策、投标决策、合同签约决策、合同变更决策，以及合同关闭决策。

（1）立项决策。决定是否立项的决策。各级销售决策团队首先要充分分析客户需求和痛点，在此基础上考虑公司是否有与之匹配的产品和解决方案，同时还要评估这项业务是否符合公司的长期发展战略。完成这些准备工作后，再依据相关立项评审的标准和授权，综合机会点的技术需求、业务需求、预算规模、交付时间、决策链等因素来决定是否立项，并根据项目的定级原则来确定该项目的级别。

（2）投标决策。投标决策发生在投标书制作完成后。各级销售决策团队需要请相关专业人员对投标书进行专业评审，并给出专业评审意见（相关专业人员包括技术方案、交付方案、商务、法务、融资、供应链等领域的专家）。在此基础上，销售决策团队依据投标评审标准和授权，再综合考虑项目招标要求、技术要求、答标条款、竞争及风险条款等因素做出判断，最终决定是否可以提交标书。

（3）合同签约决策。在华为，合同签约决策同样有严格的制度规范。各级销售决策团队在销售合同（或订单、协议）草案制作完成后，需要请各相关专业人员进行专业评审，然后在专业评审意见的基础上，依据签约评审标准和授权，再综合考虑交易条款、合同履行风险、招标要求等事项做出判断，最终决定是否签订销售合同（或订单、协议），并审批签订的内容。

（4）合同变更决策。合同变更决策也是一项重要的决策。因为在销售合同（或订单、协议）履行过程中，客户可能会因为需求发生变化而申请变更合同条款。各级销售决策团队要对变更的风险、成本、技术方案、交付时间等进行综合判断，最终决定是否同意变更。

（5）合同关闭决策。在销售合同（或订单、协议）履行完成后，各级销售决策团队需要对销售合同（或订单、协议）的执行情况、经营结果、后续风险以及客户满意度等进行综合判断，最终决定是否同意关闭此销售合同（或订单、协议）。

2. 授权机制

为了能彻底落实"一线作战团队直接决策"的顶层设计思想，华为的铁三角销售授权机制形成了一套完整的流程。这套流程分为五个步骤。

第一步：制订授权方案。

授权方案是由授权支撑团队负责制定的。制订授权方案要考虑两方面的信息。一方面是授权的相关背景信息，包括公司或所在组织的战略诉求、经营目标、业务策略、业务计划、客户情况、财务政策和授权范围等，这些信息是由授权支撑团队依据公司的授权来定期获取的。另一方面是上个授权周期的实施情况信息，授权支撑团队要对此进行调研，分析上期授权与行权过程中存在的问题，找出需要改进或调整之处。

授权支撑团队综合以上两个方面的信息来制定销售授权方案，主要要涵盖以下八个方面的内容。

- 授权对象。
- 授权范围。
- 授权要素。
- 授权口径。
- 授权场景及内容。
- 授权阈值制定方法。
- 行权规则。
- 授权发布计划。

在制订出授权方案后，授权支撑团队需要向授权权力机构（或对应层级的上级销售决策团队）进行汇报，争取获得审批。销售授权方案需要根据市场的变化来制定和调整，原则上每年应该重新审视一次。如果遇到紧急特殊事件，授权支撑团队就可以临时申请召开销售授权决策会议。

第二步：审批授权方案。

授权权力机构（如定价委员会、财经委员会或公司经营管理团队等）在收到授权支撑团队上交的销售授权方案后，应该充分研究和讨论授权内容，并审定与批准授权方案。

各级销售决策团队则依据其授权范围，指导下一级销售决策团队制定转授权方案，并进行审定和批准。

第三步：制订授权书。

授权支撑团队需要依据批准后的销售授权方案，制订对应层级的授权书，主要包括以下八个方面的内容。

● 授权对象。

● 授权范围。

● 授权要素。

● 授权口径。

● 授权场景及内容。

● 授权阈值。

● 行权规则。

● 授权期限。

授权支撑团队要把制订好的授权书提交给授权权力机构（或对应层级的上级销售决策团队）进行发布。

第四步：授权应用支撑。

授权支撑团队负责落实支撑授权工作，包括提供相关的培训、模板、工具等，逐步建立支撑授权落地的 IT 平台。

第五步：监控及持续改进授权。

公司授权权力机构需要例行审查各事业部销售决策团队授权与行权的执行情况；各级销售决策团队则需要主动审查授权与行权的情况。如果从中发现问题，就及时调整相关授权内容和规则。授权支撑团队需要监控授权绩效，并依据实际经营情况、行权中出现的问题等，制订改进方案，以帮助授权权力机构或销售决策团队进行优化决策授权工作。

3. 申请商务授权

在操作销售项目的过程中，铁三角团队经常需要申请商务授权，以争取更多有利条件，让产品和方案能满足客户的标书要求。那么，我们应该怎样做好商务申请工作呢？

我们先要搞清楚华为铁三角销售决策团队的五个层级，它们由低到高的顺序如下所述。

● 代表处大客户系统部销售决策团队 SDT（Sales Decision Team）。

● 代表处销售决策团队 COSDT（Corps Office Sales Decision Team）。

● 地区部销售决策团队 RSDT（Regional Sales Decision Team）。

● 事业部销售决策团队 BGSDT（Business Group Sales Decision Team）。

● 公司销售决策团队 CSDT（Company Sales Decision Team）。

为了快速响应客户需求，60% ~ 80% 的销售决策理论上应该在系统部团队 SDT 这个层级完成。

该授权可以直接由系统部授予铁三角客户负责人（客户经理）或产品负责人（方案经理）。先检查代表处对该产品和方案在系统部或者办事处层级的商务授权。如果在授权范围内，铁三角可以直接决策，报请系统部销售决策团队复核审批。

如果超出系统部层级的授权，则需要经过系统部 SDT 团队讨论，系统部须提出决策申请，报请上级销售决策团队决断。如果在上级销售决策团队的授权范围内，系统部就能获得决策意见并执行；如果不在其授权范围内，还需要继续向上申请。

向上申请的层级依次是地区部销售决策团队 RSDT、事业部销售决策团队 BGSDT，直至最高层级的决策会议 CSDT。一般只有特大型战略和风险项目，才会到 CSDT 这个层级。

无论是哪个层级的销售决策，铁三角都必须有专业服务支撑团队协助，从销售管理、解决方案、合同商务、投标中心、评审资源池、质量运营等方面进行专业评审，并提供决策数据支撑。这样才能确保"铁三角"快速响应决策需求，严格把控合同质量。毫不夸张地说，华为 3000 亿元以上的销售规模，就是由这一套五层决策与授权系统共同支撑起来的。

第六章

▼

保障铁三角
正常运行的LTC流程

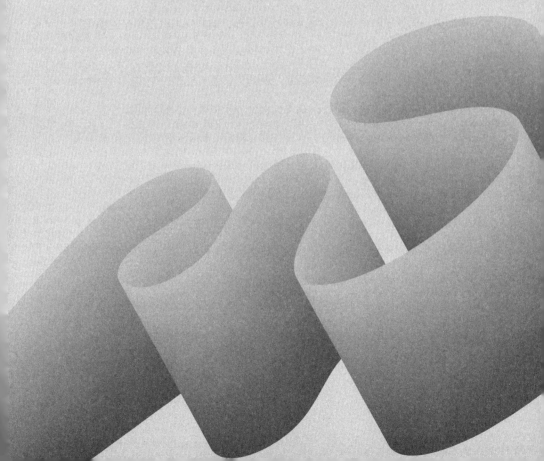

捕捉每一条销售线索

华为营销人员是怎样捕捉和创造销售线索的?

为什么很多人总是为发现不了商机而头痛?从某种程度上讲,是因为他们没有足够多的销售线索来支撑销售目标。销售线索就是那些能够创造交易机会的信息片段,它反映了客户对特定产品或服务的潜在购买意愿。

销售线索可能是一个具体的客户联系人,也可能是一个电话、一个网上留言。从根本上说,销售线索无一例外地来自客户,指向的都是客户的痛点。这就需要铁三角营销团队去沟通、跟进、核实,然后筛选出其中可有效利用的信息,并将其转化为交易的机会点。

从这个角度看,捕捉销售线索就是营销工作的起始。

多数企业是靠营销人员自己跑客户来获取销售线索的。这种模式其实很讲运气,营销人员可能拜访很多客户还是劳而无功。华为铁三角营销团队则是以团队为单位,全方位地对潜在客户进行管理,充分引导客户需求,把客户的思路引导至利于我们合作成交的方向上。

扩大线索的来源和提升线索质量,就是铁三角营销团队提升交易成功率的关键。具体来讲,我们可以从以下方面着手来捕捉每一条销售线索。

一、主动挖掘线索

大多数公司是通过客户的招标信息、项目信息,以及平时对客户的需求分析来寻找销售线索。简单来说,就是在被动等待客户告知你有什么招标项目,什么时候发标,标的有多大,有什么诉求,完成期限是什么,等等。

华为铁三角营销团队采用的是主动式发掘线索的方法。他们不是被动等待客户的动作,而是主动出击,一开始就与客户紧密地联系在一起。这样就可以第一时间掌握客户的需求和痛点,甚至参与客户业务规划研讨、年度计划讨论以及项目立项讨论。

如此一来,铁三角营销团队就能较好地把握客户项目运作的节奏,从中挖掘出对公司最有价值的销售线索。这样做的一个好处是能巩固良好的客户关系,比友商更早了解客户的动向。

二、只找第一手线索

销售线索的来源十分广泛。它可能来自一组数据的启迪,一次客户上级领导部门的投诉,一次客户在茶余饭后不经意的谈话,一份国家突然发布的进出口退税清单,一次供应商的产品演示……上市公司的年报、办公室、走廊、交通工具、互联网、宴会、餐厅的邻桌、电梯甚至旅游景点,都可能让你有意外收获。换句话说,任何场景、一切场合都有可能成为销售线索的来源。

不过,你在探索某一个销售线索的来源时,可能会发现这个线索其实已经是不知拐了多少道弯的"二手线索"。至于"二手线索"的不可靠性，我们往往也是深有体会的。

有些公司喜欢让所有人去扩大收集线索的范围，但这样容易陷入一个误区：把所有的销售线索都当成项目来推进。此举太过盲目，完全不考虑二手线索实际上很少能产生作用。到头来，销售目标还没完成，营销团队就已经累得人仰马翻。无论什么时候，二手线索的实际价值都远远低于第一手线索。

只有自己创造的线索，才称得上真正的第一手线索。不是嚼"二手线索"的剩饭，而是营销人员亲自从客户那里得到的第一手信息。

第一手线索应该从哪里创造，又该怎样创造呢？华为铁三角营销团队给出的答案很简单——从客户中来，到客户中去。除此之外，别无他法。因为企业所有的研发、市场、产品与服务等业务，都必须由客户需求来驱动。我们跟客户打交道的时候，可以从下面几个途径来主动创造第一手线索。

1. 公司汇报

公司汇报是铁三角营销团队每次拜访客户时的必备环节。我们向客户汇报华为发展的重大进展，不断介绍成功案例。此举能让客户感知华为正处于一个不断前进的状态，足以不断与客户共同成长。

2. 技术交流

随着与客户关系的升温，客户对我们有了比较基本的认知。接下来，铁三角营销团队就必须为客户提供产品与方案，围绕客户需求与痛点进行有针对性的技术交流。这是华为团队创造第一手线索的关键。假如客户对我们公司的产品和技术还缺乏认可，就不可能创造出任何交易机会。

3. 公司考察

通过日益丰富的一线活动，客户对华为的认知与了解已经得到了充分的铺垫。铁三角营销团队就会在合适的时间点邀请重点客户到华为公司总部进行考察。此举是为了让团队创造出的一手线索产生实际价值，争取孵化出重点项目。客户通过考察可以充分了解华为的研发实力、制造能力、物流能力等，并与华为高层领导交流公司管理理念、经营方针、发展战略和文化价值观等。

4. 市场活动策划

为了增强客户的决策信心，铁三角营销团队还会带着重点客户参观已经交付的华为样板点，甚至主动策划和组织同类客户的展会和研讨会。通过市场活动来形成口碑，再利用口碑传播的效应，让客户更加坚定与我们的合作。

5. 高层互访

作为一线作战的单元，铁三角营销团队会在项目运作的关键环节，促成公司高层间的交流与访问。因为华为管理层都是业务人员出身，无不具有超群的营销能力，一线铁三角营销团队就有望在高层互访过程中敲定关键问题，让双方的项目一拍即合。华为内部戏称"高层互访"为"用好老板为项目打工"。这也是华为铁三角销售体系的优良传统——让一线呼唤炮火。为一线业务提供炮火支援，始终是华为公司高层义不容辞的责任。

三、做好线索管理

需要注意的是，第一手线索并不都是真正有价值的线索。真正有价值的线索，产生于招标之前。通过有效的线索管理，能够让客户在招标之前就基本确定与我们的合作意向。这样就能"未战先胜",让友商输在起跑线上。

关于线索管理,我们将在下一节重点展开论述。

四、挖掘线索的三个关键点

华为铁三角营销团队通过一系列的关键活动为客户提供服务,让每一个节点都可以为客户创造价值。这也正是华为线索管理的精髓所在。为了有效挖掘第一手线索,我们要注意以下三个关键点。

1. 充分利用一切时间

只要善加利用,时间就是成绩最好的朋友。要想真正把客户关系维护好并把拓展工作落到实处,营销人员必须善于支配时间,把时间的价值发挥到极致。华为铁三角营销团队的做法是:把每天的工作时间区分格式化。

白天的八小时工作时间基本泡在客户那里,几乎就是和客户一同上下班。因为这样方便我们随时收集和积累客户的需求与信息,做好渗透式、发散式的创造销售线索的工作。

而在八小时之外,华为营销人员还要召开内部信息共享及分析会议,为有意向的客户准备相关资料,以便让第二天及后续的客户交流工作能顺利进行。

2. 针对性地交流

从规范服务的原则来说,我们在服务不同客户的时候,应该做到一视同仁。但在具体线索的挖掘过程中,也要注意灵活性,对症下药地服务客户。

与技术工程师交流时,我们可以重点讨论产品的技术性能。对于运营层面的客户,我们可以多聊聊华为的运营与管理服务优势。对于运营商市场营销口的相关负责人，我们应该与其一同研究客户需求和消费习惯，联手开发出合理的套餐与方案……

挖掘线索不是盲人摸象，创造线索应当有的放矢。铁三角营销团队只有做到让每天的业务交流变得更系统化、更有针对性，才能让客户越来越离不开华为。

3. 跟客户成为朋友

陌生客户主动打响你的电话时，你回复完他的业务咨询之后，不应该随意中断与客户的联系，因为这只是线索创造工作的开始。随着时间的推移，铁三角营销团队还需要持续不断地深入发掘客户信息与需求，并通过他们的朋友圈和关系链，创造出更多的销售线索。

这就要求我们从客户眼中的"外人"变成他们的"朋友"——不是口头上把客户当朋友，而是真正成为客户的朋友。每逢节假日，你可以主动问候客户。客户过生日时，你也不要忘记主动发信息送上祝福。当你发现了对客户有用的产品信息，或者对行业趋势新方向有了新看法时，不妨及时告知客户，站在他们的角度，为他们创造线索和价值。总之，"以客户为中心"的最终目的，就是使客户把你当朋友，从心底赢得他们的认可与信赖。

营销人员收集信息的渠道和方法五花八门，捕捉到的线索信息往往千奇百怪。不同行业和领域的线索信息也会有不同的特性。线索可能是联系人、决策人、产品需求、方案需求、客户名称、预算大小等。

这就需要线索管理人员认真分析，找出适用于自身公司的销售线索信息。在此基础上，生成初始线索表单，最后填写并提交线索档案。如果有IT系统支撑的，可以直接将线索输入IT系统进行管理。这样做都是为了尽可能掌握每一条有价值的销售线索。

根据下面的内容做个小测试，符合情况的就在后面的括号里打"√"，不符合的就打"×"。每个"√"得1分，每个"×"得0分。得分越高，说明你在这方面做得越好；反之，则说明你需要改进的方面越多。

（1）你拥有多个可靠的市场信息来源。（　）

（2）你能从任何正式场合或非正式场合中敏锐地捕捉到销售线索。（　）

（3）你懂得怎样甄别"二手线索"，确保自己发现的是第一手线索。（　）

（4）你会为了创造销售线索，每天勤快地跟客户打交道。（　）

（5）你能在客户招标之前就捕捉到足以创造交易机会的销售线索。（　）

（6）你能通过技术交流主动创造销售线索。（　）

（7）你跟某些客户建立了一个能互相交换情报线索的良好关系。（　）

注：总分0～1分为不及格，2～3分为及格，4～5分为良好，6～7分为优秀。

把销售线索转化为销售机会

华为营销人员是怎样管理销售线索的？

销售成功的逻辑很简单，谁能第一时间洞察客户痛点，谁就能掌握真正有价值的线索；谁能比友商更好地帮助客户解决问题，谁就能赢得在市场中存活下去的机会。与其事后补偿客户的投诉，不如事中控制客户的满意度；与其事中控制客户的满意度，不如在客户招标前就做好超出客户预期的准备。这便是销售线索管理的精髓所在。

客户的痛点和需求，早在招标前就已经真实存在了。所以真正有竞争力的销售线索，一定是产生于招标之前的。线索管理是华为在市场中胜出的关键点。销售线索不会自动转化为销售机会，若没有扎实的管理营销工作去推动，再多的销售线索都是徒劳的。

那么，华为营销团队又是怎样抓好线索管理的呢？

一、以管理项目的思路来管理销售线索

华为通过分层管理，在总部、地区部和代表处之间建立了一套比较完

备的销售线索管理体系。其基本分工是：代表处负责培育短期线索，总部和地区部负责培育中长期或重大线索。对于具体的线索项目，公司也会根据不同要素进行分层分级管理。

分层管理的评估内容包括客户的市场战略地位，线索的预计规模，产品是否有技术突破，新商业模式是否有所创新，等等。通过这些要素，华为把销售线索分为以下四类。

1. 一般客户的一般线索

一般客户指在市场战略地位、产品技术、市场地位、商业模式上都没有很大竞争力的客户。关于他们的销售线索就会被划分为一般线索。

2. 一般客户的重要线索

如果一般客户能产生大量订单，销售线索预计规模很大，就会列入重要线索。

3. 重要客户的重要线索

重要客户就是在市场战略地位、产品技术、市场地位、商业模式上都颇具竞争力的客户。关于他们的销售线索都是重要线索。

4. 重要客户的公司级重大线索

如果重要客户能产生大量订单，与我们形成稳定的长期战略合作伙伴关系，那么相关销售线索就会上升为公司级重大线索。

二、引导客户从发现问题到承认痛点

没有痛点就没有业务，发现和解决客户的问题就是铁三角营销团队最基本的工作内容。但有时候，客户未必意识到自己有痛点，不认为自己有需要解决的问题。所以铁三角营销团队要想把销售线索转化为销售机会，首先要让客户与痛点产生连接，明白不及时解决问题会带来什么样的损失，然后再引导客户相信我们的团队能帮助他们解决这个问题。

表6-1是铁三角营销团队经常使用的痛点分析引导分类表。

表6-1　痛点分析引导分类表

项目	客户情况	引导工作重点
层次一：潜在问题	客户未察觉到自己存在问题	帮助客户意识到并承认他们存在的问题
层次二：承认问题	客户承认问题的存在，但不知怎样解决，愿意跟我们讨论	帮客户诊断问题，引导客户创建对我们有利的解决方案设想
层次三：方案构建	客户愿意解决问题，并且已有解决问题的设想	帮客户设计解决方案，如果友商抢先一步，则引导客户重新构建方案
层次四：行动计划	客户充分认识解决问题的必要性，开始制订行动计划	开展项目策划，制定具体解决方案和竞争策略

当客户意识到痛点，决定花钱解决问题时，不一定会第一时间联系我们，也可能是去找友商求助。这样就会让我们的努力都变成为友商作嫁衣。要想让客户在第一时间选择跟我们合作，离不开平时扎实有效的客户关系工作。这也是检验客户关系管理效果的一个重要指标。

三、用"错位验证法"验证线索的真实性

团队与客户的合作，不可能只是单点对单点的沟通。单点沟通容易导致误判和信息误传，让其他参与者产生误解。为了避免这种情况的发生，我们需要使用"错位验证法"，也就是由线索提交人之外的其他人员跟客

户方人员（包括业务对接人、不同层级的客户相关人）多角度确认线索是否真实可靠。经过验证，销售线索可分为：初级线索、可信线索、机会线索（见表6-2）。

表6-2　销售线索分类

线索	客户需求的特征	跟踪方式
初级线索	没有清晰的业务需求，但是有倾向	跟踪线索，将类似的销售线索分组，集中培育
可信线索	有清晰的业务需求	跟踪和培育线索
机会线索	有明确的决策人或决策团队	客户经理须将销售线索转化为机会点，并准备立项评审材料
	有针对业务需求的投资计划	
	有明确的项目启动或者关闭时间	

当销售线索通过验证后，就可以合理地分发任务，让合适的人做适合的事情。这样有利于控制线索的跟进周期，降低流单率。铁三角营销团队中的客户经理，可以根据线索信息挑选自己擅长领域的销售线索。

需要注意的是，并非所有的销售线索一开始都适合我们的解决方案或者适合公司要求。铁三角营销团队中的客户经理应该学会不断调整自己的预期，努力把每一个线索和预验证的机会点变成可以长期进行业务往来的优质客户。销售线索管理的目的是让销售线索更精准地转化为销售机会，而不是追求完美无瑕的销售线索。

自我检查

根据下面的内容做个小测试，符合情况的就在后面的括号里打"√"，不符合的就打"×"。每个"√"得1分，每个"×"得0分。得分越高，说明你在这方面做得越好；反之，则说明你需要改进的方面越多。

（1）你懂得如何对销售线索进行分级管理。（　）

（2）你平时搜集的一般线索比同事多。（　）

（3）你搜集到的重要线索比同事多。（　）

（4）你搜集到过公司级重大线索。（　）

（5）你懂得怎样分析客户痛点，并能引导他们请你帮忙设计解决方案。（　）

（6）你得到的销售线索的真实性经得起多方验证。（　）

（7）你有在线索管理中为公司发展出一个长期优质客户的经历。（　）

注：总分0~1分为不及格，2~3分为及格，4~5分为良好，6~7分为优秀。

做好"机会点管理"

把销售线索转化为销售机会后应该怎么做？

销售过程可以分为四个阶段：潜在客户阶段、意向客户阶段、谈判阶段和成交阶段。潜在客户肯定比意向客户多，意向客户也不一定能跟你进入谈判阶段。跟你谈判的客户永远比成交的多。

这也正是一个由销售线索到机会点，再到最终形成销售项目的过程。为了达成更多交易，我们必须发展更多潜在客户，尽可能把销售线索转化为机会点。那么，我们具体该怎么做呢？

一、明确预算和启动时间

线索和机会点的主要区别在于，机会点有明确的预算和启动时间，而线索没有这两样东西。你找到了一条销售线索，但是客户没有预算，那么你投入的时间和精力再多也无济于事。反之，如果客户的预算很充足，也有明确的时间启动项目，那么只有你们的团队能给出与客户痛点相匹配的解决方案，销售机会才真正到来。

假如客户没有预算怎么办？华为铁三角营销团队的做法不是被动地等待客户增加预算，而是主动引导客户的预算管理。具体来讲，我们可以从以下七个方面着手。

第一，摸底客户。了解客户的投资结构、投资重点，弄清客户的预算制定流程，查明客户的钱花到了哪里。铁三角营销团队要跟客户预算负责人交流讨论。

第二，预算引导前移。铁三角营销团队通过跟客户进行战略研讨和交流，深度了解客户的建设规划，引导其制定对我方有利的年度预算。

第三，预算转移。在符合客户业务发展方向的前提下，铁三角营销团队可以想办法引导客户把用于友商项目的预算转移到匹配我们产品和解决方案的项目上来。

第四，改变投资结构。也就是引导客户把其他类型项目的预算转移到匹配我们产品和解决方案的相关项目上来。

第五，帮客户做大蛋糕。在深度理解客户痛点的基础上，用投资回报分析等工具，引导客户用发展的眼光做预算，帮助客户实现商业成功。

第六，融资或商业模式革新。当客户预算不足时，铁三角营销团队可以给客户提供融资等金融手段或者其他商业模式，以支撑客户的业务发展。

第七，高层互访。铁三角营销团队可以通过促成更高层面的沟通和交流，着眼于企业未来发展前景，增强客户投资信心。

当客户有了明确预算后，销售线索就有希望转化为机会点了。但铁三角营销团队需要进一步核实项目的意义、预算、决策链、采购时间、竞争对手信息和市场空间等细节，确定机会点的价值。我们可以从以下四个维度洞察机会点。

（1）客户分析。

● 客户细分。

● 价值区域选择。

● 客户战略。

● 客户痛点。

（2）市场分析。

● 存量市场。

● 新市场机会。

● 价值市场突破。

● 多产品布局。

（3）产品分析。

● 引入期。

● 成长期。

● 成熟期。

● 衰退期。

（4）竞争分析。

● 产业竞争态势，客户的竞争对手。

● 我们和对手之间的竞争。

● 对手的目标、战略、优势和劣势。

二、推动项目立项决策

当机会点得到进一步核实后，销售工作便进入了立项决策环节。立项决策是所有商务合同的起点，没有立项的项目就不可能进入运营阶段。所有经过立项的项目都会被赋予一个唯一的编号，直到合同关闭，在系统内根据权限的差异可以立刻导出所有立项项目的情况，以便管理和后续的流程合规审计。对销售项目的考核和审计的重点也始于机会点的管理。

在销售项目立项阶段，代表处销售决策团队、被提名的铁三角营销团队、被提名的项目财经负责人以及交易协调人（营销管理人员）是主要执行人，他们要做的工作主要包括：分析并验证机会点、确定机会点级别、准备立项决策报告，以及执行立项决策结果（见图6-1）。

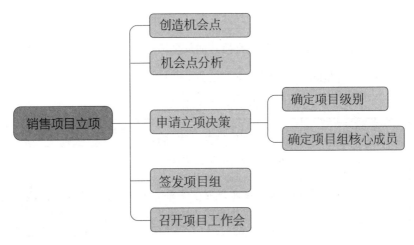

图 6-1　销售项目立项示例

华为各级销售管理部直接参与管理的就是立项决策环节，因为这个环节直接决定了该项目的级别，以及对应的资源投入情况。立项决策一般是由铁三角营销团队中的方案经理或者客户经理发起的，因为他们最清楚客户可能需要的产品和预算是多少，以及项目需要申请的级别。

不同的项目级别对应的支撑资源完全不一样。所谓的支撑资源包括高层支持资源、研发支持力度、项目预算，等等。因此，相对应的项目奖金也因此存在巨大的差异。一线的营销团队为了取得更多的资源支持，往往都会想方设法地放大自己的机会点，以求申请更高的对应级别。

由此可见，制定项目级别标准非常重要。公司应当从价值区域、价值客户和价值产品这三个维度，对项目进行综合判断，在层层审核验证后确定各个机会点的级别。在定级之后，公司就可以围绕该项目安排运营人员。

运营项目的核心是铁三角营销团队，一般以客户经理为主导，承担主要责任。此外，公司还会根据项目级别所需的支撑资源，配备投标经理、商务融资、法务支持等专家，与铁三角营销团队共同构成项目组。而这个项目组的成员，可能同时负责支持其他几个项目。这就是华为一线资源复用和项目矩阵型的销售管理体系（见表6-3）。

表6-3 项目分级表

项目类别	项目定级标准	立项决策团队成员
Ⅰ级	对公司产品方向有重大影响； 对公司与S级客户的合作有重大影响（市场突破/规模销售/重大风险）； 对公司的战略行业突破有重大意义； 对公司商业模式有重大影响	固定成员：事业部总裁＋业务部总监＋总工； 按需参加：产品线总监、交付经理、财经经理等
Ⅱ级	不满足Ⅰ级线索的条件，而且对公司与A级客户的合作有重大影响（市场突破/规模销售/重大风险）	固定成员：业务部总监＋行业部长＋行业总工； 按需参加：业务部总工、产品线总监、交付经理、财经经理等
Ⅲ级	不满足Ⅰ级、Ⅱ级条件的项目，均为Ⅲ级项目	无须决策

需要注意的是，华为铁三角销售体系对线索管理有比较完整的、系统化的方法论，但是在实际的一线营销工作中，我们不宜把销售流程搞得过于烦琐，而要根据公司的业务规模，适当放宽对机会点的管理，抓住关键点即可。铁三角营销团队的工作重心应当偏向于机会点管理之后的流程。

自我检查

根据下面的内容做个小测试，符合情况的就在后面的括号里打"√"，不符合的就打"×"。每个"√"得1分，每个"×"得0分。得分越高，说明你在这方面做得越好；反之，则说明你需要改进的方面越多。

（1）你很清楚从销售线索到机会点之间有多大的距离。（　）

（2）你能把多数销售线索转变为机会点。（　）

（3）你知道怎样说服预算不足的客户选择我们的团队提供的解决方案。（　）

（4）你能深度引导客户的预算管理。（　）

（5）你能让客户把预算从友商那里改投到我们这里。（　）

（6）你很熟悉销售项目立项流程。（　）

（7）你懂得怎样想办法提高手头的销售线索的项目定级。（　）

注：总分0～1分为不及格，2～3分为及格，4～5分为良好，6～7分为优秀。

决定项目成败的标前引导工作

标前引导工作应该如何着手?

一个项目能否成功，80% 在于标前引导。标前引导主要包括：公司价值主张的制定和传递，客户关系规划和拓展，以及解决方案引导。标前引导阶段的运作管理极为重要，甚至可以说是铁三角销售体系中最重要的环节。

铁三角营销团队能否在该阶段建立有效的客户关系，制订出真正解决客户痛点的方案，并在合适的时间向合适的人（客户方决策人）传递公司的价值主张，是整个项目成败的关键。这需要铁三角营销团队共同参与、通力配合。

一、给足客户选择你的理由

客户为什么选择你？其关键在于你向客户传递了公司什么样的价值主张，你的解决方案能帮助客户实现什么价值。公司的价值主张主要由以下四部分组成。

1. 客户需求满足程度

你要从客户、竞争对手、自身三个维度进行系统性分析，制订并不断优化价值主张，在技术、产品、服务及综合解决方案方面尽可能地满足客户需求。

2. 公司独特优势

从客户需求和痛点出发，分析客户成功关键要素，识别其权重，从而协助客户制定合理的技术、产品、服务和综合解决方案招标规则。换言之，我们的团队对技术招标规则的引导，是项目成功的关键因素。

3. 方案独特价值

对公司的技术、产品、服务以及综合解决方案进行价值呈现，将我们解决方案的价值结构化、货币化，以求客户的认可。本阶段是客户淘汰劣质供应商的最佳时期，所以我们的团队应当协助客户制定合理的商务招标规则，通过标前引导争取主动。

4. 竞争差异价值

由铁三角营销团队向客户提供有针对性的差异化优势方案，让客户能准确地把握核心技术水平高低、产品质量优劣、供货能力强弱、运作速度快慢、服务水平高低等差异化价值。我们应当在引导过程中将公司的关键信息传递给客户，以促进客户的理性购买。这个阶段依然由铁三角营销团队中的客户经理承担主要责任。

二、对客户决策链产生影响

销售的本质是一个不断对客户决策链产生影响的过程。营销人员常犯的错误，就是没有准确地摸清客户的决策链，在错误的方向上努力。其解决思路很简单，就是找对人，说上话，办成事。

从机会点到最终生成合同的过程，客户方必然是多人参与决策，最终形成一条决策链。在这条决策链上存在某些角色，他们对销售机会的最后确定发挥着举足轻重的作用。如果我们处理不当或者有所遗漏，就很容易在营销过程中遇到"莫名其妙的刁难"。

前面的机会点管理的最后一个环节是谈判生成合同。谁能在这个合同上签字，谁就是客户方的决策批准者。在很多公司中，批准者和决策者往往是同一个人。不过，他们为了确保决策对公司更加有利，往往还会向相关人员征求意见。比如，产品的使用者、客户的采购人员等人，他们的建议和意见可能会对合同产生一定影响，可定性为"决策的影响者"。

值得警惕的是，铁三角营销团队在评估客户的决策链时，千万不要忽视一些关键的隐形角色。比如，直接业务相关方的领导及分管的副总、客户单位的后起之秀、决策者的股东、决策者的利益相关方等角色，都可能对该决策者产生不容忽略的影响。

到这里，我们就能梳理出一个完整的客户决策链。接下来，铁三角营销团队要制定对策，确定在整个决策链中先找谁、后找谁，由谁和谁洽谈，然后上门拜访客户。这是铁三角销售体系的基本动作，也是建立客户关系的基本通道。

我们可以采取常规拜访高层拜访等形式，营销队伍中的所有成员（包括副总裁以上的高管）都要围着客户转。按照华为的传统，铁三角营销团队中的每个人每周最少见客户5次，公司副总裁以上的高管每个月应拜访重点客户3～4次，然后将拜访情况统一汇报到客户关系管理部门并接受考核。

三、制定差异化解决方案

从客户的角度来看，他可能不了解我们的价值，也不清楚我们竞争对手的价值。如何赢得客户的青睐，拿下来之不易的机会点呢？最好的办法，莫过于有差异化的竞争方案。销售不仅是产品的竞争，还是方案的竞争。公司的技术、产品、产品组合、系统性解决方案和业务特性，只有在能真正为客户解决实际问题的时候，才能产生客户认可的价值。

怎样才能识别和直击客户的痛点，制定出差异化解决方案呢？华为营销团队经常采用尼尔·雷克汉姆先生的 SPIN 销售法（一种顾问式销售策略）。SPIN 销售法可分为以下四个部分。

1. S（Situation Question）：**背景问题**

我们可以通过询问背景问题，发现客户的不满、困难和痛点，搞清楚影响他们决策的背景因素。

2. P（Problem Question）：**困难问题**

困难问题就是客户对现状的不满或存在的困难，这是客户的隐性需求。有时候，客户可能自己没有意识到这些困难，或者即便意识到了也抱着轻视的态度，懒得采取行动做出改变。但这恰恰是铁三角营销团队要主动去洞察的点。比如：客户有没有盈利的痛点？客户的抗风险能力如何？客户的项目运营成本如何？客户的业务部署有没有痛点？

3. I（Implication Question）：**暗示问题**

暗示问题指的是，我们要让客户明白如果不及时解决某个痛点，将会带来更大的麻烦，结果必将付出更高的成本，以及承担更大的风险。一切都是为了让客户意识到痛点的紧迫程度，意识到必须采取行动做出改变。铁三角营销团队可以通过主动暗示问题，把之前的隐性需求转化为显性需求。

4. N（Need-Pay Off Question）：需求效益问题

当涉及需求效益问题时，客户往往会参与讨论解决方案及其能带来的价值。对于这样的问题，大部分客户会表示支持和赞同。需要强调的是，需求效益问题注重的是解决方案，而暗示问题的关注点是问题本身。这就要求我们向客户展示差异化解决方案的价值，打消客户的顾虑，增强他们的决策信心。

总之，SPIN 销售法的核心在于，通过一系列提问启发目标客户的潜在需求，使其认识到购买此解决方案能得到的价值。这种销售方法能够帮助营销人员比较准确地找到客户的痛点，从而让解决方案形成差异化竞争优势，赢得最终胜出的资本。最后，简单介绍一下标前工作阶段的解决方案引导流程（见图6-2）。

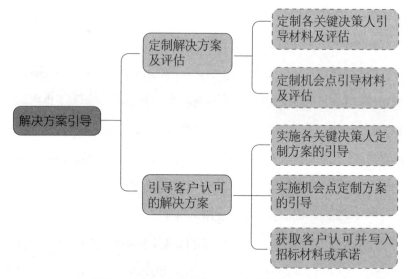

图6-2 标前工作阶段的解决方案引导流程示例

根据下面的内容做个小测试，符合情况的就在后面的括号里打"√"，不符合的就打"×"。每个"√"得1分，每个"×"得0分。得分越高，说明你在这方面做得越好；反之，则说明你需要改进的方面越多。

（1）你很清楚应该向客户传递什么样的公司价值主张。（　）

（2）你对公司的价值主张了若指掌并充满信心。（　）

（3）你有办法查清客户决策链条的人员构成。（　）

（4）你懂得如何不断对客户决策链条施加影响。（　）

（5）你很清楚在整个决策链条中先找谁后找谁，由谁和谁洽谈。（　）

（6）你能运用 SPIN 销售法找到客户的潜在痛点。（　）

（7）你能确保我方的解决方案形成差异化竞争优势。（　）

注：总分 0～1 分为不及格，2～3 分为及格，4～5 分为良好，6～7 分为优秀。

注意签订高质量的合同

签订合同之前需要做哪些相关工作？

当客户同意跟你达成合作意向之后，项目就进入签订合同阶段。但是，不要以为交易双方坐下来在拟定好的合同上签字就万事大吉了。有些合同能让你和你的团队成员名利双收，有些合同却存在隐患和风险，最后让你赚不到钱。只有签订高质量的合同，才能给我们的辛苦付出带来高回报。

什么是高质量的合同？按照华为的定义，"合理利润、正现金流、风险可控、客户满意"的合同就是高质量的合同。高质量的合同不仅能给客户带来正向的商业价值，还应该能帮交易双方规避潜在的风险，最终实现互惠互利、合作共赢。要想签订高质量的合同，首先要对合同的条款风险和履行风险进行严格评审，谋定而后动。

一、按业务领域分类进行专业评审

铁三角销售体系的项目运营有两个目标：一个是"赢"（成功中标），

另一个是"盈"（合同盈利）。为了实现这两个目标，以及确保项目全过程的风险可控，华为会贯彻"把专业的事交给专业的人去做"的管理原则，对合同进行严格管理。

我们在第四章介绍LTC流程时提到过，华为在LTC销售流程中设置了若干关键控制点，包括ATI（立项决策）、ATB（投标决策）、ATC（签约决策）、ATAC（合同变更决策）和ATCC（合同关闭决策）。无论是什么销售项目，华为都会在ATB、ATC、ATAC三个关键控制点严格执行专业的评审流程，按照解决方案、服务交付、财经、商务与法务四个专业模块分类进行专业评审。

之所以要将评审与决策相分离，目的在于揭示风险和修正错误，通过专业评审的力量来支撑各级销售决策团队提升合同质量。为此，铁三角营销团队在投标、销售合同或合同变更阶段向客户界面递交的所有与销售相关的协议及各类契约化文件（甚至部分邮件承诺），都要经过专业评审。

在合同签订前设置专业评审的环节，充分尊重了不同领域专家的专业性。这样才能在团队做决策时，能从多种专业的角度理清合同条款的利弊，为科学决策做好专业技术准备。

二、组织多方力量进行综合评审

按照华为的规定，各专业评审人对合同给出评审意见之后，由综合评审责任人综合多方意见，平衡风险与机会，给决策团队提供决策建议，推荐优先选项并给出推荐理由。

综合评审人一般由代表处产品解决方案副代表、交付副代表／合同商务专家／投标业务主管或专家来担任。华为将根据项目的复杂度及特性来确定评审形式。在必要时，综合评审人可召集由四个专业模块的专业评审人及需要的业务专家组成的专家团队，共同完成综合评审。

也就是说，综合评审要拉通四个专业模块，对策略、方案、标书、合同进行一致性评审，以确保项目可赢单、可交付、可盈利。综合评审人要对综合评审意见的完整性、规范性和及时性负责。

三、科学高效地做出决策

华为的各级销售决策团队的决策机制都是"组长决策制"，组长对决策过程的规范性、决策结论的落实与否进行闭环管理。

在决策时，组长严禁越权决策，必须按照其得到的决策授权规范行使权力，且对决策信息的真实性与完整性负责。销售决策团队的关键成员都要参与相关决策，并给出自己的决策建议，最终由组长集思广益，给出决策结论。

部分公司最高层的销售决策采取"集体决策制"。最高层级的销售项目都是金额巨大或者战略地位重要、投入资源多的重大项目。为了避免个人决策出现失误，所以华为在公司级决策中采取"集体决策制"。

"集体决策制"的最终决策建议需要多数成员同意才能生效。而"组长决策制"最后的决策建议由组长给出，不需要多数成员同意。

由于各级销售决策团队得到的授权不同，如有必要，可升级到上一级决策团队进行决策。华为的分层分级的销售决策体系见表6-4。

表6-4　分层分级的销售决策体系表

销售决策层级	决策机制	组长
公司级	集体决策制	公司 CEO
事业部	组长决策制	事业部总裁
地区部	组长决策制	地区部总裁
代表处	组长决策制	代表处代表

四、风险管控：恪守流程、定期检查

签订合同意味着销售项目的阶段性胜利，但这同时也伴随着一些新的风险。我们在签订合同时，一定要严格遵循相关流程。合同签订的基本流程包括如下三点。

1. 合同制定与评审

（1）合同文本制定。

● 优选公司标准合同文本。

● 如采纳客户合同文本，也必须参考公司标准合同文本进行修改。

（2）合同条款初审。

● 识别不同级别禁止类条款。

● 合同评审责任部门分发初审。

（3）合同评审。

● 组织合同评审并决策。

● 输出合同评审决策意见。

2. 合同谈判

● 谈判策略。

● 争议点谈判。

● 公司决策。

3. 合同签订

（1）合同签订。

● 准备合同文本。

● 检查合同文本。

● 客户方授权人签字与盖章。

● 公司方授权人签字与盖章。

● 合同有效性检查及归档。

（2）风险条款汇总整理。

● 随合同分发风险条款。

华为通过这一套比较完善的流程，从充分授权、专业评审、综合评审、科学决策等方面管控合同的条款。这样就能最大限度地降低合同自身的风险。但是，合同签订并不意味着项目结束，这仅仅是项目正式开展的第一步。

铁三角营销团队在合同签订后的履约过程，还需要围绕项目交付工作，继续跟运营商和设备供应商进行大量的交流，密切地监控合同履行状态，以便随时应对可能出现的风险和争议。因为合同双方可能在签订合同之前进行过若干次条款变更，所以造成了对合同条款的理解偏差。如果没有在交付过程中对合同的履行状态进行实时监控，那么合同双方在遇到纠纷时都没有确切的证据，最后可能激化矛盾。

为了避免此类问题，华为以规范化流程来实时监控合同履行过程，主动揭示和预警合同履行中存在的问题和风险，并对其进行跟踪管理直至完成闭环。这样就能有效地控制合同风险，减少风险带来的损失，保证合同收益。

严格的合同管控无疑会增加一线影响团队的工作量，也对决策的效率有一定的影响。但流程的规范化不仅可以保证稳定的利润回报，防范相关风险，还有利于铁三角营销团队实现"赢""盈"目标。

自我检查

根据下面的内容做个小测试，符合情况的就在后面的括号里打"√"，不符合的就打"×"。每个"√"得1分，每个"×"得0分。得分越高，说明你在这方面做得越好；反之，则说明你需要改进的方面越多。

（1）你懂得选择最适合手头项目的公司标准合同文本。（　）

（2）你懂得怎样识别合同文件中不同级别禁止类条款。（　）

（3）你知道怎样应对各领域专业评审人对合同的意见。（　）

（4）你知道怎样应对综合评审责任人对合同的意见。（　）

（5）你在某方面的专业能力足以胜任专业评审人。（　）

（6）你能胜任综合评审责任人。（　）

（7）你在合同签订之后能确保每一份合同的顺利履行。（　）

注：总分0～1分为不及格，2～3分为及格，4～5分为良好，6～7分为优秀。

克服交付质量不佳的短板

华为营销团队如何进行交付管理？

很多企业都存在"重销售，轻交付，合同执行难"的问题。这是困扰国内大多数公司的一个难题，因为营销团队在交付阶段往往存在两个误区。

第一个误区：营销人员只关心如何提升自己的销售额，却忽视了合同最终的执行难度和复杂度。这样不仅无法体现客户的价值，还让合同的可行性、可靠性大打折扣。交付质量不佳最终会让客户流失。

第二个误区：有些公司在交付大型项目时不能打破产品的区隔，只关注某个具体产品的交付，而不管整体项目交付。殊不知，整体的交付方案不是将多个产品简单地凑在一起，而是需要把产品组合及其增值服务做成一站式的解决方案。

华为铁三角销售体系诞生的目的之一，就是从前端向后端梳理流程和组织，以流程驱动销售项目，高效解决所有营销过程中可能出现的问题，其中就包括交付问题。为此，铁三角营销团队中专门设置了交付经理的角色。

前面的流程大多是由客户经理、方案经理作为团队牵头人来运作的。到了交付环节，交付经理自动成为牵头人，对合同执行阶段的管理工作负责。合同执行阶段的管理流程包括六个基本环节。

一、管理合同 /PO 的接收和确认

有些公司存在售前端与售后端互相推卸责任的问题，症结在于合同签订后，没有明确由谁来负责合同或订单的信息传递和管理。按照华为的规定，铁三角营销团队中的客户经理和方案经理必须协同交付经理完成合同或订单的交接和确认。

在这个阶段，铁三角营销团队要召开合同交底会，对合同进行深入解读，全面了解方案交接、工作任务确认、交付注意事项、超标承诺和规避措施等方面的内容。铁三角营销团队一方面要将完整的交付信息分别传递到计划、采购、制造、物流、工程安装和服务部门，另一方面又要保障商务信息的保密性。如果出现了一个合同有多批次订单的情况，交付经理必须接收和确认每一个订单及明细，并及时将其传递到后续的流程和系统中。

二、管理交付

铁三角营销团队在接收和确认合同或订单之后，必须根据公司业务类别进行合同的交付管理。交付管理的内容包括对计划管理、订单管理、采购管理、生产管理、物流与仓储管理、服务交付等部分的衔接，以及客户需求的可视化要求。

在项目执行过程中，如果出现一个合同有多批次订单的情况，交付经理必须监控订单的接收过程及明细，并保障按照合同和订单完成情况交付工作。

三、管理开票和回款

管理开票和回款就是对预付、发货、到货、初验、终验等交付节点进行管理，并将其与交付验收条款和付款条款相关联，确保客户的付款条件和交付验收条件相吻合。

开票流程是交付管理的重中之重。管理开票还需管理交付触发开票的内容和时间、开票自身的准确性和时间、客户接收发票并加以确认的时间，以及客户付款达成的准确性和时间。

四、管理合同/PO变更

按照契约及时交付，是交付管理的核心要求。但在实际工作中，合同发生更改的情况屡见不鲜。铁三角营销团队必须先与客户达成合同或者订单的修改协议，再按照变更后的协议进行交付。

针对合同的变更，铁三角营销团队首先应该明确变更事项，避免当期交付成本超标，那样会对项目利润与后继项目产生消极影响。同时，我们还要注意审核变更原因，搞清楚具体的变更原因是初期配置失误材料需补发、产品停产需变更交付产品，还是客户自身原因变更等情况，这样才能确定相关责任方。

需要注意的是，合同或订单的修改，原则上必须由客户经理或者授权人完成，非合同签订授权人不得代表公司签署任何合同或者订单。

五、管理风险和争议

在执行合同或订单的过程中，公司要对上一阶段识别并汇总整理的风险条款进行系统化管理。与此同时，铁三角营销团队还要把履行合同或订单阶段新出现的风险纳入风险管理清单，并按照风险管理流程进行风险评估，制定风险应对方案并监控预警，直至风险关闭。

在实际交付过程中，我们经常会遇到供应短缺、交付延期、发错货、产品更改或者客户提出的延期交付、修改数量、产品减少等意外情况。遇到这些情况时，原则上必须遵照相应的更改流程执行。但在实际工作中，也不排除客户需求十分紧急，来不及走完更改流程的情况。这时候，华为允许铁三角营销团队以满足客户需求为由，执行后补手续，但必须做到风险的提前管控。

此外，对于双方存在的争议，应该通过友好沟通的方式加以解决，并将其录入系统，依靠信息系统对所有产生的争议和风险进行有效管理。做好争议处理流程和结果跟踪记录等工作，可以避免人为忘记或遗漏等情况发生。为了确保争议得到及时、妥善的解决，铁三角营销团队事后最好开展有针对性的客户访问或满意度调查。

六、关闭和评价合同

制定合同关闭流程，检查和确认合同的运营结果，评估合同是否达成对客户的相关承诺，这是合同执行管理阶段的最后一个环节。这个环节的设置，有助于公司改进后续的客户服务，并促成新合同的签订。在这个环节，铁三角营销团队要对合同或订单的盈利情况进行结算。

以上便是在合同执行阶段的六大管理流程。接下来，我们简单梳理一下管理合同执行流程的工作细则。

1. 管理交付

● 交付项目立项。

- 项目计划。

- 工程设计。

- 供应链和采购。

2. 管理开票和回款

- 触发开票。

- 开票申请。

- 财务开票。

- 回款执行。

3. 管理合同/PO变更

- 发起变更申请。

- 受理变更申请。

- 组织、制定变更方案。

- 合同变更决策。

- 关闭变更需求。

4. 管理风险和争议

- 管理交付执行风险。

- 管理客户争议。

5. 关闭和评价合同

- 项目评估。

- 项目总结。

- 合同归档。

- 关闭合同。

有时候，客户会要求"交付信息可视化"。铁三角营销团队就会把交付计划、采购计划、生产计划、生产进度、发货进度、到货进度、安装进度、验收进度、验收结果，以及交付风险、问题与解决等，通过项目管理系统和交付管理系统来让客户"眼见为实"，进而让客户对其工作彻底放心。

自我检查

根据下面的内容做个小测试，符合情况的就在后面的括号里打"√"，不符合的就打"×"。每个"√"得1分，每个"×"得0分。得分越高，说明你在这方面做得越好；反之，则说明你需要改进的方面越多。

（1）你能圆满地完成每一次的合同/PO的接收和确认工作。（　）

（2）你在管理开票和回款时能做到不出差错。（　）

（3）你在管理合同/PO变更的时候能做到变更后的交付成本不超标。（　）

（4）你能用友好沟通的方式处理好合同执行过程中的争议。（　）

（5）你能妥善管理合同执行过程中的潜在风险。（　）

（6）你负责的项目合同的运营结果能达到公司的盈利目标。（　）

（7）你负责的项目合同达成了对客户的相关承诺。（　）

注：总分0~1分为不及格，2~3分为及格，4~5分为良好，6~7分为优秀。

知识拓展：华为铁三角如何处理"客户的声音"

什么是"客户的声音"？

按照华为的定义，客户的声音就是在项目运作或其他商务活动过程中客户反馈的意见。客户反馈意见的类型包括客户提出的业务需求、改进建议，或者表达的不满等。这些都是客户根据项目或者合作体验而发出的声音。

通过分析"客户的声音"中传递的信息、数据、情绪，铁三角营销团队可以看清客户对项目或合作的满意程度。管理好"客户的声音"，是每个华为铁三角营销团队义不容辞的责任。因为我们可以根据"客户的声音"，改进自己的不足，更好地为客户服务和创造价值。

为此，华为建立了一套 VOC（Voice of Customer，客户之声）管理法，专门用来管理"客户的声音"。华为 VOC 管理法的内容及其特点介绍如下。

一、多渠道获取客户声音

华为反对守株待兔式等待客户的反馈，而是要求铁三角营销团队主动询问客户的意见和建议，通过多层次、全方位的渠道获取客户声音，如客户热线、网络、商务活动、调查问卷，等等。获取客户声音的渠道可以细分到公司的业务运作过程中。下面是常见的 VOC 业务场景示例。

- 客户直接拨打热线。

- 客户反馈到公司投诉邮箱、传真、网站。

- 客户在日常与铁三角接触时的反馈。

- 陪客户到公司参观。

- 陪公司高层直接拜访客户。

- 关键客户定期访谈。

- 陪客户参加对公司的认证与审计。

- 定期与客户召开相关例会。

- 技术人员直接拜访客户。

- 会展上客户反馈的问题。

- 一年一次的第三方满意度调查。

- 高端峰会、用户大会、技术年会。

- 内部质量审计发现的客户问题。

- 第三方质量审计发现的问题。

- 专项项目（如培训等）后的调查结果。

- 获取客户在社会论坛上发表的意见。

- 客户投诉到公司总裁、董事长、机关总裁的问题。

- 客户投诉到地区部总裁、代表处代表的问题。

- 其他渠道。

在获取客户声音的过程中，铁三角营销团队要注意以下两个问题。

第一，绝对不回避客户。

有些营销人员害怕在交付过程中被客户"挑毛病"，于是极力避免与客户直接接触。这是个错误的做法。因为项目的交付工作本来就是以客户的满意为最高准则。就算客户在项目前期没提多少意见，最后到了交付阶段，如果客户发现问题，铁三角营销团队照样要为客户提供解决方案。

退一万步讲，就算客户始终不提意见，也可能会因此掩盖一些潜在的问题。当客户使用我们的产品或服务的过程中发生问题，信誉扫地的风险还是会落到铁三角营销团队甚至全公司的头上。为此，铁三角营销团队反而应该积极促成与客户的深度接触，保持畅通的交流渠道。

第二，"客户的声音"并不一定都是客户亲口说出来的。

很多人以为客户的声音肯定来自客户自身的诉说，其实不然。只要能够反映客户的行为和倾向，哪怕不是客户亲口给出的反馈意见，同样算是一种"客户的声音"。比如，业务运营中的交易记录，或者来自员工的输入记录，都可以成为我们获得"客户的声音"的来源。

二、客户声音的分发与处理

我们从多个渠道收集上来的客户声音数据，大多是碎片化的、杂乱无章的。若不经过整理和分析，就无法产生价值。所以公司要采用一套统一的客户声音信息分类分析架构来规范处理。这样才能建立起对客户声音的理解和认知，帮助营销人员对问题进行诊断和根源性分析，然后推动组织内部持续优化产品、服务和解决方案。

有时候，客户的声音不一定有理有据。但只要在合理的范围内，公司就有责任和义务为客户提供更好的消费体验。当问题出现的时候，无论问题的责任方是我们自己还是客户自身，我们首先要做的都是帮助客户解决问题，而不是找个责任方定罪，这样才能与客户建立可持续的良好关系，为公司赢得一个长期的合作伙伴。

因此，铁三角营销团队应该坚持以客户满意度为衡量客户声音处理结果的最高标准。

当客户声音分发到铁三角营销团队之后，主要由客户经理负责处理客户声音，铁三角营销团队负责解决客户问题。如果客户的声音对应的是技术或产品问题，则由方案经理或交付经理协助客户经理一起处理问题。只有共同负起责任、打好团队配合，才是真正的"铁三角"。

在这个环节中，我们需要特别注意以下两点。

1. 还原客户真实的声音

客户的类型多种多样，客户的个人素质也参差不齐。不是每个客户都有能力根据实际问题发出有效的声音。因此，铁三角营销团队在工作中要具备还原客户真实声音的能力。需要注意的是，不是客户说什么，我们就要做什么。我们要学会找到客户声音的根源，通过缜密分析提出更有针对性的解决方案。这才是营销人员面对客户声音时应有的专业态度。

2. 重视对高层客户声音的分析和处理

有个客户管理术语叫"问题乘数"。问题乘数指的是同样的问题可能代表了多少客户的遭遇。换言之，就是有多少客户可能遭遇同样的问题。

假设客户在某个运营商的营业厅与工作人员发生了不愉快的事情，有80%的人不会投诉，20%的人会投诉。投诉方式及信息接收人的分布情况可能如表6-5所示。

表6-5　客户投诉分布情况

投诉方式及信息接收人	所占比例（%）
直接找现场服务人员投诉	4
寻找现场主管投诉	0.4

投诉方式及信息接收人	所占比例（％）
给公司高层写投诉信	0.1
在公司公众号评论区留言抗议	1
打电话给客服中心投诉具体的人或事	5
在公司网站留言抗议	0.5
在社交网络发布差评长文	4
以其他方式表达	5
合计	20

在表6-5中，第三种投诉信息涉及了高层管理者。这里假设的占比是0.1%，问题乘数就是1比1000。这意味着高层管理者每收到一个这样的投诉，就有可能发生了1000起类似的事件，这就是所谓的"高层客户声音"。

由此可见，当公司高层接收到客户投诉，说明该问题已经是个严重的普遍现象了。公司应该对此高度重视，并优先处理，绝对不要忽略。

三、形成管理闭环，提升客户感知

VOC 管理法的最后一项工作，就是在客户声音的获取、分发和处理的基础上，形成客户声音的闭环。铁三角营销团队需要通过与客户沟通，找到问题的解决方式并告知客户，从而形成客户声音管理的闭环。这就要求营销人员能在客户声音的管理方面"找对人，做对事"。

1. 找对人

找对人就是找到合适的客户满意度负责人，也就是铁三角营销团队中的客户经理。大多数客户发生的声音，多多少少是带有某种情绪的。所以，客户满意度负责人（客户经理）处理客户声音的第一步，就是先安抚客户的情绪，然后再逐步探知客户遇到的主要问题。

许多企业在岗位设置方面，容易出现解决问题能力与客户沟通能力相分离的情况。具体来说，就是能帮助客户解决问题的专业技术人员不擅长与客户沟通，而能跟客户高效沟通的客服人员不具备解决专业问题的技术能力。

而华为铁三角销售体系的优势在于，由客户经理主要负责与客户的沟通与协调，方案经理和交付经理加以专业知识方面的辅助。三者齐心协力，形成聚焦客户需求的共同作战单元。

2. 做对事

在找对人之后，公司还要确保在处理客户声音的过程中做正确的事。其具体有两点：一是建立标准，二是高效解决。公司应该把客户声音处理流程的标准化。通过对客户反馈的持续统计，我们完全可以从中发现一些普遍存在的问题，然后制定相应的标准处理方案。如此一来，客户经理就能按照标准流程预案来高效处理常见问题。在遇到特殊问题的时候，再跟其他铁三角营销团队成员一起努力攻克疑难，让客户满意而归。

总之，如果没有对客户声音的收集和获取，不能有效地还原和处理客户的声音，公司的产品开放工作就是无本之木。华为正是依靠对 VOC 的重视及有效管理，才能屡屡在市场竞争的惊涛骇浪中乘风破浪。

第七章

▼

如何复制
铁三角营销团队

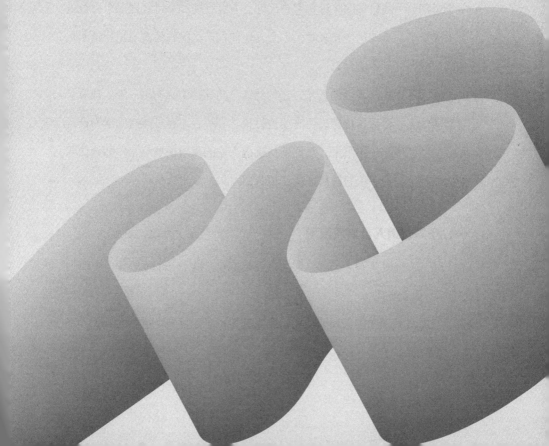

找对匹配团队角色的人才

怎样选拔符合铁三角岗位角色要求的人才？

华为铁三角销售体系可以复制，但绝不能直接照搬。所以，不要以为一个公司给一线营销团队设置客户经理、方案经理和交付经理三个岗位就万事大吉了。真正运作起来时，你会发现他们未必能胜任铁三角营销团队的岗位角色，形不成合力。

找对匹配团队角色的人才，是构建铁三角营销团队的第一步。找对了有潜质的人，然后再根据岗位需要进行科学训练，才有可能建成华为铁三角式的营销团队。接下来，我们就从挑选人才的素质模型开始，细分任职能力的标准，谈一谈怎样搭建铁三角营销团队。

一、华为营销人员素质模型

华为有一套营销人员素质模型，该模型包含以下五个方面。

1. 成就导向

具有成就导向的人渴望成功，愿意迎接困难的挑战。这种人乐于冲锋陷阵、建功立业，关注结果和效率，注重代价和奖赏，十分适合做营销工作。需要注意的是，成就导向绝不简单等同于争强好胜，因为成就导向意味着有前瞻性，眼光长远，勇于冒险，敢于担责，积极主动；而争强好胜的人往往比较自负，缺乏容人之量，往往缺乏团队合作精神。

2. 人际理解

用时髦的说法，人际理解就是"同理心"或"共情能力"。你愿意了解他人，并能准确地理解对方未能明确表达出来的想法、情感和顾虑。人际理解是客户关系建立的基础。这种能力强的人能准确地把握他人的态度、兴趣、需要、观点和行为方式，深刻洞悉他人思想和行为背后的原因，并能够给出恰当得体的回应，从而得到他人的欣赏和认同，最终建立信赖的人际关系。

3. 适应能力

适应能力指的是适应各种环境变化的能力。世界上的一切都处于运动变化之中，客户在变，技术在变，需求在变，社会在变。公司和员工必须快速洞察环境的新变化，做好前瞻性的预防，主动求变，快速应对这些变化。

4. 主动精神

主动精神被称为内驱力、策略性的未来导向和前瞻性等。它要求我们能做到主动思考，比他人先发现机会或问题，并快速做出行动，从而完成超出他人预期的目标。主动精神达到至高境界的人，不仅自己积极主动，还能影响身边的人，使大家都变得积极主动、充满热情。

5. 服务意识

服务意识就是能站在客户的角度思考问题，对客户的诉求做出超乎预期的行动。优秀的服务者能主动了解客户的潜在需求，发现客户的潜在问题，主动为客户提出解决方案并为客户的利益提供建议。他们不仅能令客户满意，还会使客户自愿成为自己的长期合作伙伴。

二、明确铁三角的任职标准与成长方向

华为通过专业知识、关键能力和专业贡献这三个方面的评估，把铁三角营销团队成员进行分层分级管理。华为的任职资格管理体系对客户经理、方案经理、交付经理的安排如下。

1. 客户经理

客户经理的岗位任职标准与要求见表7-1。

表7-1　客户经理任职标准与要求

专业知识	关键能力	专业贡献
LTC流程知识	客户关系拓展维护	案例输出
产品解决方案知识	销售项目运作管理	授课
商务、法务、财务	团队领导	担任导师
合同知识	客户群规划	流程优化
行业知识	沟通协调	专业建议

客户经理在明确了自己的任职标准与要求后，可以经过个人申请或由公司组织从三级到六级的任职资格评估，逐级往上晋升。该岗位角色的晋升通道是：客户经理→高级客户经理→客户专家→资深客户专家。

2. 方案经理

方案经理的岗位任职标准要求见表7-2。

表7-2 方案经理任职标准要求

专业知识	关键能力	专业贡献
LTC 流程知识	解决方案制订	案例输出
解决方案知识	沟通协调能力	授课
投标知识	规划分析	担任导师
行业知识	方案宣讲	流程优化
商务、法务、财经	商务报价	专业建议

方案经理在明确了自己的任职标准与要求后，可以经过个人申请或由公司组织从三级到六级的任职资格评估，逐级往上晋升。该岗位角色的晋升通道是：方案经理→高级方案经理→解决方案专家→资深解决方案专家。

3. 交付经理

交付经理的岗位任职标准与要求见表7-3。

表7-3 交付经理任职标准要求

专业知识	关键能力	专业贡献
产品知识	交付项目管理	案例输出
LTC 流程知识	团队建设和领导力	授课
项目管理知识	沟通协调能力	担任导师
项目经营知识	客户期望值管理	流程优化
商务、法务、财务	盈利管理	专业建议

交付经理在明确了自己的任职标准与要求之后，经过个人申请或由公司组织从三级到六级的任职资格评估，逐级往上晋升。该岗位角色的晋升通道是：交付项目经理→高级交付项目经理→交付项目群总监→资深交付

项目群总监→交付领域专家。

　　每个项目经理都想找到最优秀的人来组建铁三角营销团队。然而公司的资源是有限的，越是优秀的人才越要用在刀刃上。所以华为在组建项目铁三角营销团队的时候，要根据项目的不同等级、类型，适配不同级别的铁三角人员。对于公司级的重大项目，会用职级较高的员工来充当铁三角销团队的核心人员。这样组建团队可以避免大材小用或"小材大用"等人才浪费现象。

三、怎样构建铁三角销团队的组织

　　铁三角营销团队的组织建设，与公司的整体发展阶段也是密切相连的。在不同的发展阶段，铁三角营销团队的组织形态也会有所区别。以下是铁三角销团队从小到大的组织形态和发展要点。

　　跨部门团队型公司——铁三角营销团队有共同目标，聚焦客户需求，各部门责、权、利清晰。

　　平台型公司——铁三角营销团队发展成一支"专业组织"，在公司大平台的支撑下，逐渐成为区域的资源中心、能力中心和服务中心。

　　流程型组织公司——铁三角营销团队成为公司业务 LTC 流程的运作主体，能助力企业流程化建设，能建立组织与管理授权机制。

　　关于铁三角营销团队的组织建设，我们可以根据市场线索及机会点多少，围绕 LTC 流程进行组织设计。在设计时需要注意以下四个原则。

　　（1）铁三角营销团队以客户负责人（销售）、方案负责人（方案）、交付负责人（交付）为核心成员，同时要任命项目经理，还要任命相关支撑人员（技术、财经、商务与法务等领域的专家）。

　　（2）可以根据产品、品牌项目建立多个铁三角营销团队，确保各产品线、子品牌都能纳入铁三角销售体系运作。

（3）铁三角营销团队组长（项目经理）可以根据项目进展阶段、项目的性质、人员能力情况来确定，可以分阶段任命（如前期以客户经理为组长，合同履行阶段以交付经理为组长）。

（4）每个铁三角营销团队的上级设置项目经营小组长，对口支持铁三角营销团队的工作与问题解决。

自我检查

根据下面的内容做个小测试，符合情况的就在后面的括号里打"√"，不符合的就打"×"。每个"√"得1分，每个"×"得0分。得分越高，说明你在这方面做得越好；反之，则说明你需要改进的方面越多。

（1）你具备强烈的成就导向。（　）

（2）你有出色的人际理解能力和服务意识。（　）

（3）你具备强大的适应能力和主动进攻精神。（　）

（4）你清楚铁三角营销团队每个角色的岗位任职标准要求。（　）

（5）你清楚铁三角营销团队每个角色的晋升通道。（　）

（6）你担任过铁三角营销团队的负责人。（　）

（7）你亲自组建过一个铁三角营销团队。（　）

注：总分0～1分为不及格，2～3分为及格，4～5分为良好，6～7分为优秀。

制定团队英雄主义的激励机制

怎样设计一个公平合理的团队激励机制?

华为铁三角销售体系的成功之处在于,用小团队作战取代个人英雄主义,让客户经理、方案经理、交付经理都全程参与项目,不再只管各自的单一领域。大家在工作时齐心协力,各尽所能。那么到了论功行赏的时候,该怎么分配奖金呢?

多数企业为了激励销售,都采取"销售提成制"。然而华为在一线铁三角营销团队的奖金分配上,坚持不搞"销售提成制"。因为"销售提成制"还是把奖励重点放在了客户经理上,对方案经理、交付经理的贡献照顾不周。

铁三角营销团队之所以"铁",就是因为客户经理、方案经理和交付经理三方是一个利益共同体,一荣俱荣,一损俱损。如果没有更为合理的考核与激励制度,就无法平衡团队内部利益,很难让方案经理、交付经理和客户经理保持工作热情。

华为在制定薪酬政策时坚持"以岗定级,以级定薪,人岗匹配,易岗易薪"的原则，鼓励员工通过艰苦奋斗和诚实劳动提高收入水平。这套激励管理体系可分为薪酬分配体系、奖金分配体系和股权分配体系，通过高压力、高绩效、高回报的激励管理体系驱动员工不断向前，为客户创造更大的价值。

因此，要想用好铁三角销售体系，就得先对铁三角营销团队及其支撑角色进行系统的考核。

一、铁三角营销团队的考核维度

对铁三角营销团队的考核，主要包括合同财务、卓越运营和客户满意度三大指标。

合同财务指标：收入、利润、现金流和成本达成情况。

卓越运营指标：业务、质量、时间和预算等合同条款履行情况。

客户满意度指标：客户体验、问题解决和关系维护情况等。

在不同时期，这些考核原则和考核目的都没有发生太大的变化，但考核方式、内容和考核权重会根据市场发展成熟度进行匹配。在不同市场条件下，即使是对同一角色的考核也可能存在差异，更别说要做到对三个角色的考核都与市场发展状况的高度匹配。我们简单梳理一下铁三角营销团队中三个角色的考核和关系。

1. 客户经理

客户经理既代表客户的利益，又代表公司的利益，需要掌握二者的平衡。其主要职责是确保公司为客户创造价值，让客户满意，建立长期的良好关系。

因此，对客户经理进行内部考核的关键指标如下。

● 销售目标达成（收入、利润的前提）。

● 回款目标（现金流）达成。

● 客户满意度。

2. 方案经理

方案经理的主要职责是为客户提供能够满足其需求的、有市场竞争力的解决方案。所以，华为的方案经理不局限在设计产品与解决方案的层次，还能通过价值呈现来让客户感知与认可我们公司解决方案的独特价值。但没有客户经理和交付经理的深度参与和密切配合，方案经理无法单独向客户全面展示独特价值。

因此，对方案经理进行内部考核的关键指标如下。

● 销售目标的达成（收入、利润的前提）。

● 产品市场份额（收入、利润的前提）保障。

3. 交付经理

交付经理的主要职责是保障合同成功履行，以及保障客户对合同履行的满意度。华为的交付经理与其他公司的同行不同，其在项目早期就会介入营销，（与客户经理）一起参与协助（方案经理主持的）产品与解决方案设计。也就是说，交付经理需要在合同和订单产生的过程中提前控制和避免交付风险。

因此，对交付经理进行内部考核的关键指标如下。

● 收入的达成。

● 成本控制。

● 卓越运营指标。

华为对以上三个角色的考核采用平衡记分卡模式，主要考核指标一般可分为以下四类。

● 关键财务指标（70%）。

● 关键举措（20%）。

● 团队合作（10%）。

● 个人学习与成长（加分项）。

在平衡记分卡的基础上，按照公司《目标制定管理办法》来制订目标，按照公司个人绩效考核管理办法进行考核，考核结果按照公司激励与奖励管理办法进行应用（见表7-4）。

表7-4　铁三角营销团队人员PBC（个人绩效考核）示例

考核项		目标	权重	衡量标准	完成时间	辅助人员	完成情况
铁三角营销团队总体绩效目标		铁三角营销团队的总体目标，以KPI的形式体现					
个人绩效目标	个人业务目标	个人承担的收入、订货、回款等业务目标					
	重点工作目标	考核期内的重点工作目标					
	团队合作目标	团队配合目标					
能力提升目标		聚焦短板，有针对性地提升					

由此可见，华为对铁三角营销团队的考核标准基本上均以财务指标为

主。这是因为华为一直倡导"以结果为导向"的价值观。但从考核维度上细分，我们就会发现"铁三角"中的三个角色的业绩划分存在一定差异。客户经理的业绩划分是以客户群维度为主、产品维度为辅。方案经理和交付经理的业绩划分则以产品维度为主、客户群维度为辅。

在同一个铁三角营销团队中，三个角色有着共同的KPI。项目最大的责任人便是项目经理(售前往往是客户经理,合同履行阶段则是交付经理)。项目的成败会影响所有人的得失。

二、铁三角营销团队考核激励的具体方法

华为对铁三角营销团队考核激励的具体方法,主要包含以下三个要点。

1. 奖金分配制度

对于一线铁三角营销团队的奖金分配，华为采取的是基于目标达成率的"奖金包分配模式"。也就是按照"贡献和利润分享制"，再辅以项目奖励。这种做法可以平衡集体利益与个人利益，从制度上强化铁三角营销团队协作机制，促使每个角色都摆脱个人英雄主义，养成团队作战的意识。

2. 考核指标

在营销工作中，难免会出现"前人栽树，后人乘凉"的现象。前面的团队努力攻坚，没有取得理想的销售额，但建立了良好的客户关系，结果后面的团队在此基础上很快取得了突破。如果我们的考核激励制度只看最终的销售业绩，就很难公平地评价前一个团队的贡献。

如此一来，谁都不想参与市场攻坚任务，都想等着前人把市场培育成熟，自己再完成临门一脚，享有胜利果实。公司将不再有愿意打硬仗的奋斗者，怎么跟那些更加敢打敢拼的友商竞争？

自从意识到这个问题后，华为把市场划分为三类：空白新拓展市场、成长性市场和成熟市场。在制订考核指标的时候，公司会分别结合市场难度进行动态调整。

如果是困难重重的市场，就适当调低销售额目标的考核比例，但同时会把市场关系和格局目标定高一点。如果是成熟市场，则把销售收入和利润目标的考核比例定高一点。

此外，华为一直坚持短期激励和长期激励相结合的原则。短期激励指的是即时激励和项目奖金。长期激励则是面向未来更大的市场机会的，不是面向过去的奖励。这有助于强化铁三角营销团队的长期经营意识，实现公司在短期、中期、长期利益上的平衡。

3. 对所有支撑角色一体考核

一线铁三角营销团队的成功，离不开各部门支撑角色的鼎力协助。他们的贡献也应该被纳入考核激励中。华为的做法是在上下游业务单元之间形成考核联动，设置客户满意度指标。通过考核指标的联动，促使所有参与项目的部门都全力为客户创造价值。

华为还扩大了铁三角营销团队项目负责人的绩效评议权和项目奖金分配权。为确保铁三角营销团队的有效运行，负责人需要从利益机制和经营机制两个方面来完善团队激励机制。

（1）利益机制，由共同 KPI 和能力管理构成。

● 共同的 KPI：实现"铁三角"在端到端 LTC 流程中的协作；资源按技能需求分配给各项目。

● 能力管理："铁三角"有专门的技能通道和认证流程；"铁三角"的项目绩效结果为其功能部门绩效评估提供输入；各功能部门负责自己部

门资源的培训、招聘、拓展。

（2）经营机制，由决策与授权、资源池可收费性／利用率构成。

● 决策与授权：Sponsor①负责梳理"铁三角"所需要的授权，让"铁三角"来主导投标和谈判讨论；项目Sponsor负责解决"铁三角"的内部冲突。

● 资源池可收费性／利用率：资源池的考核按其所拥有资源投入项目的可收费性（分配的工时）；必须具备的资源调配工具。

自我检查

根据下面的内容做个小测试，符合情况的就在后面的括号里打"√"，不符合的就打"×"。每个"√"得1分，每个"×"得0分。得分越高，说明你在这方面做得越好；反之，则说明你需要改进的方面越多。

（1）你了解合同财务、卓越运营和客户满意度这三大团队考核指标。（ ）

（2）你了解铁三角营销团队人员PBC（个人绩效考核）的细则。（ ）

（3）你了解铁三角营销团队对客户经理的考核激励重点。（ ）

（4）你了解铁三角营销团队对方案经理的考核激励重点。（ ）

（5）你了解铁三角营销团队对交付经理的考核激励重点。（ ）

（6）你了解华为对不同类型市场的考核方式是怎样调整的。（ ）

---

① Sponsor：指的是公司内部的项目赞助人，联系特定项目的公司高级领导，主要从事高层客户交流。

（7）你了解铁三角营销团队的"贡献和利润分享制"该怎么具体操作。（　　）

注：总分 0 ~ 1 分为不及格，2 ~ 3 分为及格，4 ~ 5 分为良好，6 ~ 7 分为优秀。

让每个成员都能跟上团队发展

怎样抓好团队成员的培训教育工作？

每个企业都希望自己的营销团队兵强马壮、英雄辈出。但在现实中，很多企业发展到一定阶段后，都会遇到人才建设的瓶颈。老员工精熟业务但不思进取，新员工缺乏经验、成长缓慢。公司缺乏健全的员工培训机制，销售冠军的经验方法是"独门秘诀"，难以转化为组织通用的营销能力。一旦公司发生人才流失，团队就会溃不成军，业绩下滑。

华为铁三角销售体系则不然，有一套完整的员工培训与提升体系，能最大限度地保障每个成员都能跟上团队的发展。即使有精英人才离职、跳槽，也会很快出现新锐补上团队的空位。华为是怎样做到的呢？主要是抓好了以下五点。

一、从实战出发安排培训

很多公司吹嘘自己的培训机制是"以战代练"，其实就是让未经培训的员工匆忙上阵，在工作实践中不断碰壁再成长。华为则认为磨刀不误砍柴工，应该根据业务的实战需求来对员工进行培训和赋能。也就是说，每一位铁三角营销团队的成员必须参加相关培训并通过相关岗位考核，才可以上岗。

为了有针对性地提升员工能力，华为会梳理清楚铁三角营销团队每个岗位的核心能力要求，以及目前能力的主要差距和问题（见表7-5）。

表7-5 铁三角营销团队能力要求及差距分析示例

岗位	核心能力要求	能力差距
客户经理	●客户关系规划与运作 ●项目运作管理 ●产品与解决方案知识 ●策略制定 ●商务谈判 ●跨文化沟通 ●团队领导	●项目运作能力不足 ●商务谈判能力不足 ●客户关系管理能力不足 ●洞察力及敏锐度不足
方案经理	●解决方案制定 ●战略解码 ●产品竞争分析 ●客户关系 ●产品知识 ●方案宣讲	●对产品技术的了解不足 ●方案宣讲能力不足 ●对行业及市场创新趋势了解不足
交付经理	●交付项目管理 ●客户沟通 ●产品知识 ●风险管控 ●推动协调 ●服务意识	●客户沟通能力不足 ●项目及风险管控能力不足 ●推动协调能力不足

二、训战结合的良性循环

理论知识的培训，只有与实战结合起来，才能达到知行合一的境界。

这是一个训战结合的良性循环策略，依次包括自学考试、集中培训、述职答辩、实践检验、持续学习五个步骤。

1. 自学考试

华为开发出一系列的学习课程，通过 iLearning 学习平台（见图 7-1）来传播铁三角人员所需的知识和能力。

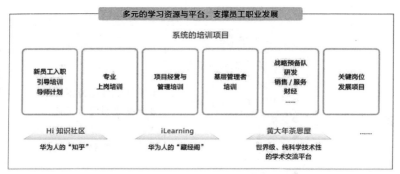

图 7-1　华为的系统培训项目

iLearning 平台上的课程随着公司业务的变化而不断地调整。如果员工在业务发展过程中有必要增加某类知识，马上就会就在学习内容中体现出来。当这些知识不再符合员工业务发展需要时，就会被学习平台替换掉，以免知识滞后于形势。

铁三角营销团队的成员可以根据自己的需求，随时随地申请相关课程的权限进行学习和考试。而公司的业务部门也会根据需要，要求员工去学习并通过相关考试。

2. 集中培训

华为在组织集中培训前，一般会要求参加培训的员工先自学完成相关课程并通过考试，之后才能进入集中培训阶段。集中培训的内容一般分为以下三类。

（1）讲师引导。此类内容一般占 20% 左右的学习时间，都由具有丰富实战经验的管理者或者业务专家来进行引导，用自己的实践经验为学员授课。

（2）案例研讨。此类内容一般占 30% 左右的学习时间。在华为的集中培训期间，晚上时间一般都会被利用起来做案例研讨，由引导员引导学员集中研讨具体案例。

案例主要有两大来源：一种是教材中通用的典型案例（包含成功案例和失败案例），另一种是员工自身的案例，或者在课前收集的案例。华为的案例教学包括案例写作方法、案例教学方法、案例学习和研讨方法等内容。

（3）模拟演练。还有 50% 的学习时间是让员工在课堂上进行研讨和模拟演练。比如，销售项目运作管理的培训，讲师会在课堂中搭建相应的沙盘，采用角色扮演的形式在课堂中进行模拟演练。这些沙盘都是根据公司的实际业务来建模的。

3. 实践检验

在集训结束后，每个员工都会带着自己的任务回到岗位上，去实践集训时学到的具体知识、技能等。训战结合就是要通过具体实践来巩固培训成果。在实践检验中，部分岗位还会根据任职资格要求为铁三角营销团队中每个成员指定专门的导师。导师在角色认知、工作开展中对员工提供指导和帮助。

4. 述职答辩

经过一段时间的实践，每个员工都需要对自己所学的知识和实践经历进行总结回顾，并撰写感想、收获、领悟、建议等，最后进行述职答辩。这些总结要从业务的角度来阐述自己的实践成果，同时还要从思想文化价值观的角度来阐述。如果员工在述职答辩中体现出了过硬的业务能力和思想水平，就会成为公司看好的潜力股，有机会得到迅速的提拔和晋升。

5. **持续学习**

答辩完成之后，公司会通过 iLearning 平台向每个员工持续推送更高一阶的课程、案例。员工持续学习，不断提高，进入新一轮训战结合的良性循环。

三、用最优秀的人培养更优秀的人

在华为，走上讲台的一定是最优秀的人。他们的使命就是给公司培养更优秀的人。华为培训教师资源池的构成主要包括如下四个部分。

（1）各级管理者。

（2）外部专家。

（3）业务专家。

（4）专职讲师：助理讲师、初级讲师、中级讲师、高级讲师、资深讲师。

由此可见，华为的专职或兼职讲师库的实力相当雄厚，管理干部、业务专家基本上都要走上讲台授课。公司开发课程和授课也是讲师在任职专业贡献方面的重要输入，支撑其任职资格考核。按照华为的传统，一个骨干员工或管理者要是没有课程开发的输出，或者没有培训授课的记录，其职业发展前途将会受到不小的影响。

至于专职培训老师，他们也需要不断加强对业务知识的理解和学习，深入业务一线进行实践，参与到具体的业务项目中。只有这样，他们才能在课程项目设计、内容开发、授课和引导的过程中与实战业务全方位深度结合。

四、用流程固化销售成功经验

铁三角销售体系的 LTC 流程，正是来自一线工作的优秀销售实践。华为不断将一线优秀员工的经验、工具、模板固化在这套流程中，并要求每位成员都要对 LTC 流程有充分的认知和理解，知道自己在流程中扮演什么角色，以及自己在每个阶段应该承担的责任，严格按照流程执行相关动作。就算是资质普通的员工，只要能严格按照 LTC 流程来工作，也能取得不俗的成绩。

此外，华为把打造团队的"精气神"也变成了铁三角营销团队培训中不可缺少的流程。无论是新上岗铁三角营销团队中员工的培训，还是营销管理干部的上岗培训，华为都会安排至少一周的基础培训。培训内容主要包括以下三点。

一是体能训练和军训，培养员工不畏困难、勇于挑战、团队协作的精神。

二是企业文化学习和研讨，让每个员工真正理解公司的核心价值观，并结合工作经历进行研讨。

三是让每个员工理解公司当前的形势和自己的使命与责任，树立铁三角团营销队必胜的信念。

华为认为，赢得一个项目有两次，第一次是在内心中，第二次是在现实中。

五、建立丰富的案例库和知识管理平台

华为认为，最大的浪费是知识和经验的浪费。为此，公司通过多年的努力，逐步建立起一个有效的知识管理平台和案例库。

每个华为员工都把自己的案例上传到案例库中，然后由专家和其他员工进行点评、讨论。优秀的案例经过评审之后，会在公司内部进行推广宣传。有些案例甚至会被选入华为的培训教材中，作为教学案例使用。

对于提供优秀案例的员工，华为内部会予以各种物质激励或精神激励，依此鼓励全体员工对案例库的投稿和建设。甚至在某些岗位的任职资格中，也把"对案例库有一定的贡献"列为升职评估的考察项目。这些保障措施使华为案例库中有充足的资源。

总之，华为不遗余力地投入力量做员工培训，务求让各级铁三角营销团队都能得到源源不断的人才补充。这也是华为铁三角销售体系能不断进化的根本。

自我检查

根据下面的内容做个小测试，符合情况的就在后面的括号里打"√"，不符合的就打"×"。每个"√"得1分，每个"×"得0分。得分越高，说明你在这方面做得越好；反之，则说明你需要改进的方面越多。

（1）你清楚自己所在岗位的核心能力要求，以及自己有哪些能力差距。（　）

（2）你主动到各种学习平台上学习知识。（　）

（3）你能顺利通过各种学习平台上的相关考试。（　）

（4）你参加公司集中培训的时候，在课堂上有优异的表现。（　）

（5）你在集训后的实践检验中表现优良。（ ）

（6）你的某些的案例曾经被公司评为优秀案例。（ ）

（7）你担任过公司的兼职讲师，上台给受训员工讲过课。（ ）

注：总分0～1分为不及格，2～3分为及格，4～5分为良好，6～7分为优秀。

知识拓展：用数字化系统推动营销组织革新

2016 年，华为正式启动集团的数字化转型战略，主动采用大数据、云计算、人工智能三种技术来实现组织的数字化转型。华为有四大业务流：面向研发和产品创造的产品流，面向客户价值体验的交易流，基于问题到解决的服务流，基于市场到线索的营销流。为了有效支撑这些业务流，华为构建了一个从战略到执行的强有力的数字化体系，采用"前台＋中台＋后台"的数字化架构，对各大业务流进行了全方位梳理。

如今的华为，客户价值链的管控、创造和评价，都依托于数字化系统的高效运转。华为的数字化转型思路是从四个维度设计的，这些维度分别是：数字化营销、数字化交易、数字化采购与供应和数字化办公。

一、数字化营销

数字化营销就是利用数字化平台进行营销和宣传。与传统的营销渠道相比，数字化营销打破了时空与边界的限制，可以全天候、全领域地做到快速把公司的营销宣传内容传递给更多的客户，在最短的时间内引爆企业的市场影响力。

比如，华为在全球新冠疫情暴发期间，改变了组织客户现场会的传统营销宣传模式，而是将公司展会、展厅全部从线下搬到了线上。巴塞罗那的世界移动通信大会虽然未能在线下举办，但是客户可以随时随地登录互联网平台的数字化展厅，观看华为所有的产品发布，聆听公司各种新技术、新趋势的讲解，并能通过视频与现场的专家团队进行一对一的问答。

当一个企业能够搭建自己的数字化平台时，其营销渠道的深度和广度都会扩大到超乎想象的地步。你可以同时跟多个国家的客户进行在线会议以及在线展示产品，营销效率无疑会得到极大的提升。

二、数字化交易

随着电子商务的普及，越来越多的企业开始在线上做生意。数字化系统的发展让华为铁三角营销团队超越了上门拜访客户的传统线下交易模式，在必要时可以实现无接触／全在线交易。

比如，在全球新冠疫情暴发后，意大利的网络容量需求迅猛增加，客户迫切地想跟华为下单扩容。当地华为铁三角营销团队很快与客户达成了交易意向，可是双方因疫情而无法见面签订合同。而按照华为 LTC 流程，交付经理见不到合同就无法交付产品。

"以客户为中心"的华为自然是不允许出现不能为客户解决问题的情况的。于是，公司主动求变，开始构建数字化交易流程，包括面向客户的全程全链、无接触式的订单接收、合同签订模式，以及交易价格的确定。

2023 年 3 月 31 日下午，华为发布 2022 年度报告。年报显示，华为整体经营平稳，实现全球销售收入 6423 亿人民币，净利润约 356 亿人民币。面向未来，华为持续加大研发投入，2022 年研发投入达到 1615 亿人民币，占全年收入的 25.1%，十年累计投入的研发费用超过 9773 亿人民币。

由此可见，通过打造数字化交易，华为与客户的绝大多数业务交易都没受到太大影响，基本上都能顺利完成交易。

三、数字化采购与供应

由于种种原因，全球供应链的运作变得异常复杂，供应商不能及时交货的情况屡见不鲜，最终会导致华为的订单无法按时、按质交付，从而为公司带来难以估量的经济损失和信誉损失。华为敏锐地意识到，数字化采购和供应在今后已经成为一种必然的市场发展趋势。

企业需要构建更大、更全面的供应商数据和准确的物料、资产数据的配比关系。通过对供应链进行全程数字化改造，企业才能更全面、更深层次地管控供应链的风险。为此，华为与一些数字化采购平台合作，在公司内部引入了数字化采购系统。

这个数字化采购系统集成了供应商管理、采购分析、财务协同、预算下发等功能。公司可以通过简单的出库、入库操作去记录现有物料的数量，而数字化系统会自动分析出哪些物料需要补货，需要从哪个供应商手里采购，以及需要多少预算等。公司员工只需简单地审核和确认操作，便可以高效地完成采购工作。这大大提升了运营效率，降低了管控风险，确保了各级华为铁三角营销团队能在交付环节保持较高的客户满意度。

四、数字化办公

数字化系统对企业的另一个重大影响，就是数字化办公的普及。无论从哪个角度看，数字化办公的效率都明显优于传统的办公方式，特别是对于规模巨大的国际化集团。公司内部各个团队之间要想保持沟通顺畅，必须拥有一个完善的数字化办公系统，能够提供在线即时交流的功能。

2022年年报显示，华为拥有20.7万员工，业务遍及全球170多个国家和地区，为全球30多亿人口提供服务。从研发到营销，从营销到交付，公司的很多业务都需要全球协同。

为此，在新冠疫情暴发后，华为数字化部门快速部署和调整了远程办公方案。基于华为云WeLink的全球会务量增长了数倍，出色地解决了全球研发体系异地多场景的远程办公问题。这使得华为在遇到各种不利因素的条件下，仍能保持快速响应客户需求的办公效率。

企业的数字化转型已经成为新时期的大势所趋。华为将其作为公司级战略来实施，积极借助外脑智慧，用数字化系统来推动组织变革。这是华为倡导的凤凰涅槃、浴火重生的自我变革精神的最佳体现。

华为一直致力于构建万物互联的智能世界。华为作为智能世界中的重要一环，能否打造一个高度智能化的企业营销系统，能否开创一个高度智能化的全新营销模式，我们拭目以待。